데일 카네기
New
인간관계론

카네기 마스터 에디션

일러두기

1. 따로 출처를 밝히지 않고 인용한 사례는 모두 데일 카네기가 쓴 《인간관계론》에서 가져온 것이며 저자가 원문을 직접 번역한 글을 기초로 편집하였습니다.
2. 본문에서 소개된 책 중 국내에서 번역 출간되지 않은 책은 원서명을 함께 표기했습니다.

데일 카네기 NEW 인간관계론

초판 1쇄 발행 2025년 12월 22일

지은이 홍헌영

펴낸이 조기흠
총괄 이수동 / **책임편집** 유지윤 / **기획편집** 박의성, 최진, 이지은
마케팅 박태규, 임은희, 김예의, 김선영 / **제작** 박성우, 김정우
교정교열 남은영 / **디자인** 유어텍스트
《인간관계론》 원문 감수 강보경(데일카네기코리아 컨설팅2센터 매니저)

펴낸곳 한빛비즈(주) / **주소** 서울시 서대문구 연희로2길 76 5층
전화 02-325-5506 / **팩스** 02-326-1566
등록 2008년 1월 14일 제 25100-2017-000062호
ISBN 979-11-5784-844-7 03320

이 책에 대한 의견이나 오탈자 및 잘못된 내용은 출판사 홈페이지나 아래 이메일로 알려주십시오.
파본은 구매처에서 교환하실 수 있습니다. 책값은 뒤표지에 표시되어 있습니다.

⌂ hanbitbiz.com ✉ hanbitbiz@hanbit.co.kr ❋ facebook.com/hanbitbiz
Ⓝ blog.naver.com/hanbit_biz ▶ youtube.com/한빛비즈 ⓘ instagram.com/hanbitbiz

Published by Hanbit Biz, Inc. Printed in Korea
Copyright ⓒ 2025 홍헌영 & Hanbit Biz, Inc.
이 책의 저작권은 홍헌영과 한빛비즈(주)에 있습니다.
저작권법에 의해 한국 내에서 보호를 받는 저작물이므로 무단 복제 및 무단 전재를 금합니다.

지금 하지 않으면 할 수 없는 일이 있습니다.
책으로 펴내고 싶은 아이디어나 원고를 메일(hanbitbiz@hanbit.co.kr)로 보내주세요.
한빛비즈는 여러분의 소중한 경험과 지식을 기다리고 있습니다.

데일카네기트레이닝
공식 인증 권위자의
최초 해설본

Carnegie
Master
Edition

홍헌영
지음

데일 카네기
New
인간관계론
카네기 마스터 에디션

Dale Carnegie

한빛비즈
Hanbit Biz, Inc.

· 들어가며 ·

지금 다시 읽는
카네기 인간관계론

우연히 《데일 카네기 인간관계론》의 해설을 다룬 한 유튜브 영상을 본 적이 있다. 영상에서 말하는 요지는 이렇다. 이 책의 원칙은 실용적이어서, 사업상 관계나 어느 정도 거리가 있는 사람에게는 적용할 만하지만, 매일 보는 사람이나 가까운 관계에서는 잘 맞지 않는다는 것이다. 그 이유는 책의 내용이 상대방을 내 뜻대로 조종하고 움직이게 하는 데 초점을 두고 있기 때문이라고 했다. 또한 책의 원칙대로 상대방에게만 맞추다 보면 오히려 손해를 볼 수 있어, 오늘날 현실에는 잘 맞지 않는다는 댓글도 많았다.

영상과 댓글을 보며 순간적으로 '아! 누군가는 카네기의 인간관계론을 제대로 해석해줘야겠구나. 저마다 감상은 자유지만, 지나친 왜곡은 막아야겠구나' 하는 생각이 머리를 스쳤다. 바로 그것이 내가 《데일 카네기 인간관계론》을 해설한 이 책을 쓰게 된

계기다.

나는 카네기의 해설서를 쓸 자격이 충분한지 스스로 의문을 가졌다. 그러나 그 답은 내 지식이나 경험의 크기가 아니라 내가 지금 하고 있는 일에서 나왔다. 데일 카네기의 부인인 도로시 카네기는 《데일 카네기 인간관계론》의 개정판을 출간하면서 다음과 같이 말했다.

"이 책은 '데일카네기코스'라는 훈련 프로그램의 교재로 사용하기 위해 쓰였고, 지금도 사용되고 있다. 1955년 그가 죽음을 맞이할 때까지 데일 카네기는 사람들의 변화하는 요구에 부응하기 위해 '데일카네기코스' 콘텐츠를 지속적으로 개선하고 보완하였다."

데일 카네기는 1912년, 뉴욕 YMCA 회관에서 성인 대상의 커뮤니케이션 수업을 시작하며 '데일카네기코스'를 창설했다. 이 과정은 대중 연설과 인간관계 기술을 가르치는 데 중점을 두었다. 당시에는 인간관계 수업에 쓸 만한 마땅한 교재가 없었다. 그래서 20여 년 넘게 이 코스를 진행해온 내용을 바탕으로 카네기는 스스로 《데일 카네기 인간관계론》을 쓰게 된 것이다. 카네기는 DC&A Dale Carnegie & Association를 설립하여 전 세계에 '데일카네기코스'를 전파하였고 그가 세상에 존재하지 않는 오늘날에도 전 세계 85개국 이상에서 100년 넘게 이 코스는 지속되고 있다. 물론 그

카네기 마스터 자격을 가진 이는 전 세계 30여 명이고 대한민국에는 단 1명뿐이다.

의 책도 여전히 교재로 사용된다.

이 사실을 잘 모르는 사람들이 많은데, 거듭 말하지만 《데일 카네기 인간관계론》은 단순한 책이 아니라 '데일카네기코스'라는 인간관계와 커뮤니케이션 교육 프로그램의 교재다. 그래서 이 책은 혼자서 읽고 감상하는 데서 그치지 않는다. 다양한 사람들과 함께 훈련에 참여하면서 같이 읽고, 각 챕터에서 공약한 내용을 실천하며, 그 결과에 대해 전문가의 피드백을 받을 때 비로소 그 효용이 극대화된다. 나는 그 일을 현직에서 하는 데일 카네기의 공인 트레이너다. 그중에서도 한국에서 유일하게 카네기 마스터 자격을 보유하고 있다. 카네기 마스터란 데일 카네기의 트레이너를 가르치고 육성하며, 자격 인증을 할 수 있는 권한을 가진 직책

뒷줄 오른쪽에서 세 번째가 저자다. 카네기 마스터 자격 과정 중 동료 및 관계자와 찍은 사진.

을 말한다.

데일 카네기의 트레이너 양성 시스템은 교육 기업 중 유일하게 ISO-9001 인증을 받고 있다. 가장 낮은 단계인 솔로 트레이너가 되는 데에만 2년 가까운 시간이 소요된다. 현재 3,500명가량의 공인 트레이너들이 데일 카네기를 대신해서 전 세계에 이 코스를 전파하고 있다. 나와 같은 카네기 마스터는 전 세계에 약 30명이 있다. 대부분의 마스터가 북미 지역에 있기 때문에 데일 카네기 지사가 있는 85개국에서 카네기 마스터가 있는 나라는 10여 개국에 지나지 않는다. 전 세계 카네기 마스터들은 매년 1회 이상의 워크숍을 함께하면서 데일 카네기 트레이너들에게 가르칠 사항들, 보완해야 할 점들을 함께 점검한다.

《데일 카네기 인간관계론》을 가르치는 선생님을 선발하고, 지도하고, 그 내용을 점검하는 카네기 마스터라는 직책을 수행하는 사람이라면, 그 수업에서 사용하는 교재를 가장 올바르게 해석할 수 있는 권위와 함께 그 책임도 있다고 생각한다. 국내에서 카네기 마스터 자격을 가진 사람은 아직 나 하나여서, 내가 이 책을 쓰게 되었다.

국내에 출간된 대부분의 카네기 책에 '편지글'과 결혼생활에 관한 내용이 나오지만, 여기서는 다루지 않았다. 이 부분들은 데일 카네기의 부인인 도로시 카네기가 개정해서 낸 책에서도 이미 삭제되어 있다. 카네기 인간관계론의 정체성이라 할 수 있는 데일카네기코스의 교재 측면에서도 해당 내용은 오늘날 코스에서 다뤄지지 않으며, 우리 독자들에게도 크게 도움이 되지 않는 부분이라고 판단했기 때문이다.

이 책은 30가지 인간관계 원칙의 정수를 다룬다. 그래서 각 장의 제목으로 인간관계 원칙을 거의 그대로 사용했다. 기존에 출간된 대부분의 번역서를 보면 '꿀을 얻고 싶다면 벌통을 걷어차지 마라', '논쟁으로는 결코 이길 수 없다'와 같이 각 장마다 별도의 제목이 있어 인간관계 원칙과 혼동할 여지가 있다. 이에 따라 이 책에서는 인간관계 원칙을 그대로 각 장의 제목으로 삼아 독자들이 내용을 직관적으로 이해하고, 보다 효율적으로 읽을 수 있도록 배려했다.

또한 《데일 카네기 인간관계론》을 읽지 않은 사람이라도 본 해설서만으로도 충분히 원문을 이해하고 실천할 수 있도록 했다. 카네기 책에 실린 수많은 사례 가운데 오늘날 독자들에게 가장 도움이 될 만한 내용을 엄선하였으며, 현대에 맞게 표현을 수정하거나 요약한 다음 그에 대한 해설과 적용 방법을 상세히 설명해놓았다.

물론 책에서 다루는 인간관계 원칙이 만병통치약은 아니다. 분명 현실 세계에서는 예외가 있다. 하지만 이것을 이론과 현실은 다르다는 말로 단순히 치환할 수는 없다. 《데일 카네기 인간관계론》은 이론적인 책이 아니다. 카네기가 20년 이상 코스를 진행하면서 수많은 참가자의 사례를 통해서 도출하고, 검증하고, 요약한 원칙들이기 때문이다. 아마도 지구상에 존재하는 어떠한 심리학이나 자기계발 책보다 인간관계에 대한 현실적이고 실제적인 내용을 담고 있다고 말할 수 있다.

이 책은 카네기의 인간관계 원칙 30가지를 각 장에서 다루며, 카네기가 전하려고 했던 원칙의 정확한 뜻과 실천 방법을 설명한다. 어떤 원칙 하나만 적용해도 좋지만, 전체를 함께 살펴보면 원칙의 의미를 더 깊이 이해할 수 있다. 30가지 원칙이 어떻게 구성되어 있는지 알아보자.

1, 2, 3번: 인간관계의 3가지 기본 원칙(1부)

이것은 30개 전체 원칙의 개관이다. 인간은 누구나 비난을 싫어하고 인정받기를 갈망한다. 그리고 본능적으로 자신의 욕구에 충실하다. 이 3가지 대원칙을 이해하는 것이 곧 다른 모든 원칙을 실천하는 첫걸음이다.

4~9번: 호감을 얻는 사람이 되는 방법(2부)

나를 싫어하는 사람은 내가 하는 말을 들을 리도 없고, 함께 일하기도 어렵다. 인간관계의 출발은 내가 남들이 좋아할 만한 사람이 되는 것이다. 상황별 대처법을 다루기 이전에 나는 호감형인가 아닌가 하는 문제가 가장 중요하다. 일단 상대방이 나를 좋아하면 대부분의 일은 순조롭게 풀릴 수 있다. 상대방이 인간적으로 나를 좋아하지 않는데 그럴듯한 설득의 기술이나 심리학 지식이 다 무슨 소용이 있겠는가?

10~21번: 설득, 협력, 협상을 위한 기법(3부)

이것은 상대방에게 열렬한 협력을 구하는 원칙이다. 즉 9번까지의 원칙을 잘 실천하여 호감을 얻은 사람으로서 이제 함께 일을 도모하고, 이견을 조율하며, 필요하다면 상대를 설득할 때 사용할 수 있는 원칙들이다. 회의, 영업, 비즈니스 협업 등 직장 생활 전반에 두루 적용할 수 있는 원칙들을 다룬다.

22~30번: 리더십과 영향력에 관한 원칙(4부)

마지막 9가지 원칙은 특히 리더들에게 중요하다. 리더들이라서 이 원칙을 사용해야 하는 것도 있지만, 이 원칙을 잘 적용하는 사람이 결국 리더가 된다. 어떻게 저항 없이 상대의 태도와 행동에 영향력을 미칠 수 있는지 본 장에서 답을 찾을 수 있을 것이다.

《데일 카네기 인간관계론》이 당신을 성인군자로 만들어주지는 않는다. 하지만 그 원리를 제대로 이해하고 실천한다면 누구보다 강한 사람이 될 것이다. 친구를 얻고, 사람들은 당신을 좋아하며 따르게 될 것이다. 카네기의 책은 도덕과 윤리를 가르치는 것이 목적은 아니지만, 진실한 마음 없이 그 원칙을 적용한다면 당신은 실패할 것이다. 진정성 없는 행동은 금세 들통난다. 그러나 여기서 진정성은 단순히 순수한 의도나 깨끗한 마음이 아니라, 꾸준한 반복이다. 때론 내키지 않아도 반복해서 실천하는 것이 진정성을 드러내는 유일한 지표다. 일관성과 반복 없이 말로만 진정성을 외치는 사람은 무조건 거르는 것이 낫다.

이 책은 실용서다. 이 책에서 제시하는 원칙들을 올바로 적용한다면 분명 기대하는 효과를 볼 것이다. 그 결과, 인간에 대한 이해가 더욱 깊어질 것이다. 하지만 인간이라는 종에 대한 이해보다 더 중요한 것은 지금 눈앞에 있는 한 사람에게 관심을 보이는 일이다. 이 책의 제목이 '인간관계론'이라 해도 인간관계의 비법을 터득하는 것보다 내 곁에 있는 한 사람의 이름을 기억하는 것이 더 중요하다. 《데일 카네기 인간관계론》의 위대함은 여기에 있다. 보편적인 원칙을 한 사람을 위해 적용하는 것. 그것이 카네기의 가르침이다.

우리는 위대한 선구자들 덕분에 가장 중요한 가르침을 쉽게 얻을 수 있게 되었다. 인간관계의 영역에서는 단연 데일 카네기가 그들 중 한 명이리라. 복잡한 인간관계의 문제들을 30가지 원칙으로 정리해서 적용할 수 있게 해주어 머리 숙여 감사한다. 그리고 이 책을 집어 든 당신을 진심으로 환영한다.

홍 헌 영

록펠러는 사람을 다루는 능력이 커피처럼 살 수 있는 것이라면, 아무리 비싸더라도 그것을 가장 먼저 사겠다고 말했다. 그러나 지구상에 있는 그 어떤 대학에서도 세상에서 가장 값비싼 이 능력을 가르쳐주는 곳이 없다. 그래서 내가 이 코스를 만들었다. 그리고 이 책을 쓰기로 했다.   - 데일 카네기

이 책만의 특별한 구성

1. 인간관계 30가지의 원칙을 제목으로 만나는 실전 가이드

기존의 《데일 카네기 인간관계론》 번역 도서들은 원칙을 설명하는 글마다 별도의 제목이 달려 있다. 이는 원문을 그대로 번역한 것이나 인간관계 원칙과 혼동하거나 단순화시킬 여지가 있다. 이 책은 독자들이 데일 카네기의 인간관계 원칙을 분명히 인지하고 효율적으로 읽어나갈 수 있도록 30개의 원칙을 각 글의 제목으로 삼았다.

2. 카네기 마스터가 알려주는 원칙별 활용법

이 책의 가장 특별한 점이다. 데일 카네기의 원칙을 더 잘 이해하고 일상에서 적용할 수 있도록 원칙 앞에 단서를 제시했다. 카네기 마스터로서 각 원칙이 어떤 상황에서, 어떤 목표를 가진 사람에게 더 유의미한지를 안내한다. 추상적이고 막연하게 느껴지던 인간관계 원칙이 좀 더 명쾌하게 보일 것이다. 카네기 마스터로서 저자가 제시한 상황별 효용은 작고 굵은 글씨로, 100년이 넘도록 이어져 내려온 데일 카네기의 인간관계 원칙은 큰 글씨로 표현해 독자가 한눈에 구분하기 쉽게 했다.

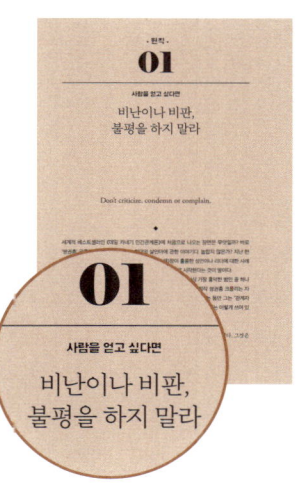

3. 인간관계 원칙의 정확한 의미와 실천을 위한 팁 제공

원칙마다 '본래 뜻'과 '실천의 팁'을 나누어 전한다. '원칙의 본래 뜻' 부분에서는 데일 카네기가 전하고자 했던 원칙의 정확한 의미를 설명한다. 카네기의 인간관계 원칙에 대한 불충분한 이해로 번역 과정에서 누락되었던 원칙의 참뜻을 전한다. '원칙 실천의 팁' 부분에서는 카네기 마스터로서 경험한 사례와 깨달음을 담았다. 정확한 이해와 일상 속의 실천을 통해 인간관계론의 효과를 백배 누리고 관계로부터 큰 기쁨을 얻을 수 있을 것이다.

4. 《데일 카네기 인간관계론》의 핵심 사례 엄선

카네기의 책에 실려 있는 수많은 사례 가운데 현대 독자들이 봤을 때 이질감이 없으면서도 원칙을 이해하는 데 가장 도움이 되는 것으로 가려 실었다. 해당 사례를 통해 데일 카네기가 진짜 전하고 싶었던 메시지가 무엇이었는지에 대한 해설을 함께 읽어보자. 데일 카네기 인간관계론의 정수를 충분히 이해할 수 있을 것이다. 인용한 사례는 본문과는 다른 서체를 사용하여 들여쓰기했다.

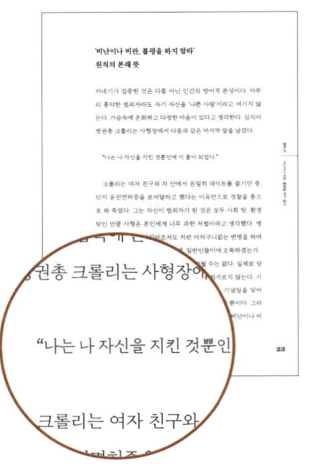

5. '다시 새겨봅시다' 활용법

각 원칙에 대한 글의 끝에는 '다시 새겨봅시다' 코너가 나온다. 해당 글에서 저자가 선정한 핵심 문장과 필사 혹은 메모를 할 수 있는 공란이 있다. 방금 읽은 인간관계 원칙을 잊지 않고 실천할 수 있도록 다시 한번 내 안에 새기는 과정이다. 개인적으로 와닿은 문장이나 떠오른 기억을 끄적이며 데일 카네기의 정신을 기억해보자. 독서 모임을 한다면 함께 나누고 싶은 생각을 적어두어도 좋겠다.

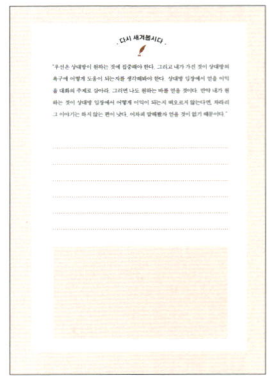

· 차례 ·

들어가며 지금 다시 읽는 카네기 인간관계론　　　　　　　　　　　4
이 책만의 특별한 구성　　　　　　　　　　　　　　　　　　13

Part 1
인간관계의 3가지 기본 원칙

원칙 01　사람을 얻고 싶다면 　　　　　　　　　　　　　　22
　　　　　비난이나 비판, 불평을 하지 말라

원칙 02　신뢰의 기초를 쌓으려면 　　　　　　　　　　　　29
　　　　　솔직하고 진지하게 칭찬과 감사를 하라

원칙 03　내가 원하는 것이 있다면 　　　　　　　　　　　　36
　　　　　다른 사람들의 열렬한 욕구를 불러일으켜라

Part 2
호감을 얻는 사람이 되는 6가지 방법

원칙 04　**어느 곳에서나 환영을 받으려면**　　46
　　　　　다른 사람들에게 순수한 관심을 기울여라

원칙 05　**매력적으로 다가가려면**　　54
　　　　　미소를 지어라

원칙 06　**언제 어디서나**　　61
　　　　　상대의 이름을 잘 기억하라. 당사자들에게는
　　　　　자신의 이름이 그 무엇보다 기분 좋고 중요한
　　　　　말임을 명심하라

원칙 07　**즐거운 대화를 나누려면**　　68
　　　　　경청하는 사람이 되어라. 스스로에 대해
　　　　　말하도록 다른 사람들을 고무시켜라

원칙 08　**나를 다시 보고 싶게 하려면**　　76
　　　　　상대방의 관심사에 맞춰 이야기하라

원칙 09　**내 편으로 두고 싶다면**　　84
　　　　　상대방에게 자신이 중요하다는 느낌이 들게 하라.
　　　　　단, 성실한 태도로 해야 한다

Part 3
설득, 협력, 협상을 위한 12가지 방법

원칙 10 **의견이 맞지 않는다면** 94
논쟁에서 최선의 결과를 얻는 유일한 방법은
그것을 피하는 것이다

원칙 11 **잘못된 주장을 반박하려면** 101
상대방의 견해를 존중하라.
결코 "당신이 틀렸어"라고 말하지 말라

원칙 12 **최악을 피하려면** 109
잘못했으면 즉시 분명한 태도로 그것을 인정하라

원칙 13 **본격적인 협상을 시작하려면** 116
우호적인 태도로 말을 시작하라

원칙 14 **허락과 승인을 얻으려면** 124
상대방이 당신의 말에 일단 "네, 네"라고
대답하게 하라

원칙 15 **저항을 줄이려면** 132
상대방에게 많은 이야기를 하게 하라

원칙 16 **참여가 부족한 사람이라면** 141
상대방에게 그 아이디어가 바로 자신의 것이라고
느끼게 하라

원칙 17	**이유를 알고자 한다면**	**150**
	상대방의 관점에서 사물을 볼 수 있도록 성실히 노력하라	

원칙 18	**타협점을 찾기 원한다면**	**158**
	상대방의 생각이나 욕구에 공감하라	

원칙 19	**설득을 마무리하려면**	**166**
	보다 고매한 동기에 호소하라	

원칙 20	**중요한 메시지를 전하고 싶다면**	**174**
	당신의 생각을 극적으로 표현하라	

원칙 21	**다른 방법이 안 된다면**	**182**
	도전 의욕을 불러일으켜라	

Part 4
리더십과 영향력에 관한 9가지 원칙

원칙 22	**문제를 언급하려면**	**192**
	칭찬과 감사의 말로 시작하라	

원칙 23	**뉘우치게 하고 싶다면**	**200**
	잘못을 간접적으로 알게 하라	

원칙 24	**신뢰를 원한다면**	**208**
	상대방을 비평하기 전에 자신의 잘못을 먼저 인정하라	

원칙 25	**상대방을 생각하게 하고 싶다면**	**215**
	직접적으로 명령하지 말고 요청하라	

원칙 26	**변화를 원한다면**	**223**
	상대방의 체면을 세워주어라	

원칙 27	**성공으로 이끌고 싶다면**	**231**
	아주 작은 진전에도 칭찬을 아끼지 말고 진전이 있을 때마다 칭찬을 해주어라. 동의는 진심으로, 칭찬은 아낌없이 하라	

원칙 28	**기대를 현실로 만들려면**	**240**
	상대방에게 훌륭한 명성을 갖도록 해주어라	

원칙 29	**작은 변화부터 끌어내려면**	**247**
	격려해주어라. 잘못은 쉽게 고칠 수 있다고 느끼게 하라	

원칙 30	**리더가 되고자 한다면**	**255**
	당신이 제안하는 것을 상대방이 기꺼이 하도록 만들어라	

나오며	인간관계 원칙을 함께 실천해보시길	**263**

Carnegie
Master
Edition

Part 1

인간관계의 3가지 기본 원칙

· 원칙 ·
01

사람을 얻고 싶다면

비난이나 비판,
불평을 하지 말라

Don't criticize, condemn or complain.

◆

세계적 베스트셀러인 《데일 카네기 인간관계론》에 처음으로 나오는 장면은 무엇일까? 바로 '쌍권총' 크롤리Two Gun Crowley라는 희대의 살인마에 관한 이야기다. 놀랍지 않은가? 지난 한 세기 인간관계와 리더십의 정수로 알려진 이 책의 제1장이 훌륭한 성인이나 리더에 대한 사례가 아니라, 수많은 사람을 죽인 잔학무도한 살인마 이야기로 시작한다는 것이 말이다.

크롤리가 체포되었을 때 경찰국장 멀루니는 그를 두고 뉴욕 역사상 가장 흉악한 범인 중 하나이며, 정말 별것 아닌 이유로도 사람을 죽인 자라고 평했다. 그러나 정작 쌍권총 크롤리는 자신을 어떻게 생각했을까? 경찰이 그가 숨어 있는 아파트를 향해 사격하는 동안 그는 "관계자 여러분에게"로 시작하는 편지를 썼다. 그의 붉은 핏자국이 묻어 있는 편지에는 이렇게 쓰여 있었다.

"피로에 지쳐 있기는 하지만, 나의 가슴속에는 온화하고 다정한 마음이 있다. 그것은 누구에게도 해를 주지 않는 부드러움이다."

'비난이나 비판, 불평을 하지 말라' 원칙의 본래 뜻

카네기가 집중한 것은 다름 아닌 인간의 방어적 본성이다. 아무리 흉악한 범죄자라도 자기 자신을 '나쁜 사람'이라고 여기지 않는다. 가슴속에 온화하고 다정한 마음이 있다고 생각한다. 심지어 쌍권총 크롤리는 사형장에서 다음과 같은 마지막 말을 남겼다.

"나는 나 자신을 지킨 것뿐인데 이 꼴이 되었다."

크롤리는 여자 친구와 차 안에서 은밀히 데이트를 즐기던 중, 단지 운전면허증을 보여달라고 했다는 이유만으로 경찰을 총으로 쏴 죽였다. 그는 자신이 범죄자가 된 것은 모두 사회 탓, 환경 탓인 만큼 사형은 본인에게 너무 과한 처벌이라고 생각했다. 명백한 죄를 저지른 살인마조차도 저런 어처구니없는 변명을 하며 자기 잘못을 방어하기에 급급한데, 일반인들이야 오죽하겠는가.

물론 우리가 저 극악한 살인자와 비교될 수는 없다. 실제로 양심 있는 평범한 우리는 그런 끔찍한 범죄를 저지르지 않는다. 기껏해야 말실수하거나, 보고서에 오류를 내거나, 기념일을 잊어버리거나, 눈치 없는 행동을 하는 정도의 잘못을 할 뿐이다. 그러나 같은 이유로 대부분 사람들은 타인으로부터 받는 비난이나 비판을 잘 받아들이지 못한다. 명백하게 살인죄를 저지른 범죄자도 자기 잘못에 대한 비난을 거부하는데 하물며 그보다 사소한 잘못을 저지르는 우리는 어떻겠는가?

카네기는 확신을 가지고 선언한다. "비난으로는 사람을 바꿀 수 없다. 비판과 불평으로는 결코 우리가 원하는 바를 얻을 수 없다."

이쯤 되면 이런 의문이 생길 수 있다. "비판이나 불평까지 하지 말라면, 잘못과 부조리를 그냥 눈감으라는 뜻인가? 잘못을 지적하지 않고 넘어간다면 그것은 무책임한 태도가 아닌가?" 그러나 카네기가 쓴 책의 제목은 '인간관계론How to win friends and influence people'이다. 즉 사람을 얻고 영향력을 미치는 법에 관한 원칙들이다. 만약 사람을 얻고 싶다면 비난과 불평을 삼가는 편이 낫다. 대부분의 사람들은 자신을 지적하거나 비난하는 이를 좋아할 만큼 강하지도 마음이 여유롭지도 않기 때문이다.

내가 언론사 기자들을 대상으로 카네기의 인간관계론을 강의할 때 일이다. '비난이나 비판, 불평을 하지 말라'가 제1원칙이라고 설명하자, 순간 기자들의 표정이 굳어갔다. '아니, 기자들 보고 비판하지 말라고? 저 강사가 제정신인가?' 하는 수강생들의 속마음이 표정에 그대로 드러났다. 나는 다시 설명했다. "기자 여러분, 이 사회의 부조리에 대한 비판, 당연히 날카롭게 해야죠. 우리는 절대 불의와 타협해선 안 됩니다. 하지만 이것은 인간관계에 대한 원칙입니다. 유능한 기자들이 취재원들과 관계를 어떻게 형성합니까? 설사 특정 조직을 비판하는 기사를 쓰더라도 그곳 소속의 취재원을 개인적으로 비난하면서 인간관계를 맺는 기자는 없을 텐데요, 어떻습니까? 사안에 대한 비판과 사람에 대한 비난은 다릅니다." 그제야 기자들은 수긍의 뜻으로 연신 고개를 끄덕였다.

'비난이나 비판, 불평을 하지 말라' 원칙의 실천 팁

데일 카네기는 상대의 잘못이 뻔히 보여도 모른 척 넘어가라거나, '좋은 게 좋은 것이다'라는 식의 현실 타협적 태도를 가르치지 않는다. 다만 잘못을 지적하는 목적을 생각해보라는 것이다. 잘못을 지적하고 비난하는 목적이 무엇인가? 그저 내 감정을 화풀이하는 것이 목적이라면 그 비난은 폭력에 지나지 않는다. 만약 상대방을 진심으로 바꾸고자 하는 것이 목적이라면, 아이러니하게도 비난은 가장 나쁜 방법이다. 사실 거의 소용이 없다. 상대방의 잘못을 알려주려고 비난하는 것은 마치 아주 섬세한 고급 액세서리의 흠집을 다듬으려고 망치로 그것을 부수는 격이다. 한번 생각해보자. 당신은 누군가의 비난이나 비판으로 긍정적인 변화를 해본 적이 있는가? 그리고 만나면 불평을 늘어놓는 사람을 좋아하는가? 절대 그렇지 않을 것이다.

사람을 바꿀 수 있는 것은 비난이 아니라 신뢰다. 사실 신뢰가 충분히 쌓여 있다면 때로는 진심 어린 조언으로도 변화를 일으킬 수 있다. 하지만 착각해서는 안 된다. 사회생활에서 대부분의 관계는 비난을 감당할 만큼 신뢰가 쌓여 있지 않다.

인간관계에서 신뢰는 마치 은행 잔고와 같다. 순수한 관심과 속 깊은 대화, 돕기 위한 노력은 신뢰의 잔고를 차곡차곡 쌓는다. 하지만 날 선 비난은 한 번에 거액을 인출하는 행위와 같다. 비난을 자주 하면 그간 쌓아온 신뢰의 잔고는 마이너스가 된다. 한순간에 관계가 적대적으로 바뀌는 것이다. 신뢰는 한 번에 크게 쌓기 어렵지만, 비난은 사소한 것일지라도 그로 인해 인출되는 신뢰의 금액은 생각보다 막대하다는 사실을 기억하자.

데일 카네기는 윌리엄 리빙스턴 William Livingston 의 《아버지는 잊어버린다 Father Forgets》를 인용하며 비난과 비판, 불평이 얼마나 덧없는 것인지를 강조한다.

아들아, 조금 전 서재에서 서류를 읽다가 문득 후회의 파도가 밀려와 네 방으로 발걸음을 옮겼단다. 마음속에 죄책감이 쌓여서, 네가 자는 모습을 보며 이렇게 고백하고 싶어졌다. 나는 그동안 너에게 너무 엄격했어. 아침에 일어나 세수 대충 한다고, 신발을 제대로 닦지 않는다고, 물건을 아무 데나 두고 간다고 자주 잔소리했지. 식탁에서도 네가 음식을 흘리거나 잘 씹지 않는다고, 팔꿈치를 올린다고, 버터를 너무 많이 바른다고 하나하나 지적했어. 돌이켜보면, 그 모든 말이 너를 사랑해서가 아니라 나의 기준과 조급함 때문이었구나. 그래서 오늘 밤 어두운 이 방에서 무릎을 꿇고 나를 돌아본다. 이 고백이 네게는 아직 어려울지 모르지만, 내 마음은 진심이란다. 내일은 달라질 거야. 아버지로서, 네 편이 되어 주는 진짜 아버지가 되고 싶다. 네가 아프면 함께 아파하고, 네가 웃으면 함께 웃을 거야. 또 괜한 꾸지람이 입 밖으로 나오려 하면, 스스로를 다잡고 이렇게 되뇌겠다.

'내 아이는 아직 어린아이일 뿐이라고.'

마스터로서 데일카네기코스 트레이너들을 가르칠 때 스스로 이 원칙을 지키는 것이 어려울 때도 있다. 우리 코스의 품질을 최고 수준으로 유지해야 한다는 기준이 때로는 강사들을 질책하는 말로 이어지기도 하기 때문이다. 하지만 비난의 마음이 든다는 건, 어쩌면 그만큼 애정이 있어서가 아닐까? 그런 마음으로 나 역시 다시 한번 이 말을 되새긴다. "이 트레이너는 아직 신입 강사일 뿐이야."

모든 관계는 사람에 대한 긍정에서 시작된다. 우리는 모두 불완전하며 결점이 많은 존재다. 그래서 우리를 긍정해주는 사람이 필요하다. 비난을 멈추자. 일단 거기서부터 출발이다.

다시 새겨봅시다

"인간관계에서 신뢰는 마치 은행 잔고와 같다. 순수한 관심과 속 깊은 대화, 돕기 위한 노력은 신뢰의 잔고를 차곡차곡 쌓는다. 하지만 날 선 비난은 한 번에 거액을 인출하는 행위와 같다."

· 원칙 ·

02

신뢰의 기초를 쌓으려면

솔직하고 진지하게 칭찬과 감사를 하라

Give honest, sincere appreciation.

◆

만약 내가 원하는 것을 무엇이든 들어주는 요술램프를 갖고 있다면 우리는 그것을 무엇보다 소중히 여기고 애지중지할 것이다. 인간관계의 비밀도 여기에 있다. 상대가 원하는 것을 줄 수 있다면 우리는 그 사람에게 요술램프와도 같은 존재가 되는 것이다. 그러면 그가 나를 좋아하는 것은 당연하다.

인간은 누구나 사랑과 관심, 인정을 원한다. 내가 다른 사람에게 관심과 인정을 효과적으로 줄 수만 있다면 나는 그들에게 정말 소중한 사람이 될 것이다. 이것이 《데일 카네기 인간관계론》의 핵심 메시지다. 문제는 구체적인 실천 방법인데, 다행히 우리에게는 데일 카네기가 이미 검증해둔 원칙들이 있다.

'솔직하고 진지하게 칭찬과 감사를 하라' 원칙의 본래 뜻

카네기는 사람들이 가장 흔히 원하는 욕구로 8가지를 꼽았다.

1. 건강과 장수
2. 음식
3. 수면
4. 돈과 돈으로 살 수 있는 것
5. 내세의 생명
6. 성적인 만족
7. 자녀들의 행복
8. 중요한 사람이 되려는 욕망

1936년에 출간된 《데일 카네기 인간관계론》에 언급된 이 항목들은 오늘날 우리의 욕구와 크게 다르지 않다. 카네기는 다음과 같이 덧붙인다.

이상의 모든 욕구는 대개 충족될 수 있으나 예외가 한 가지 있다. 그것은 음식이나 수면에 대한 욕구만큼 심각하고 절실한 것으로 좀처럼 만족되기 어렵다. 그것은 프로이트가 말한 '위대해지고 싶은 욕망'이며, 듀이 박사가 말한 '중요한 사람이 되고 싶은 욕망'이다. 링컨은 편지 첫머리에 '모든 사람은 칭찬받기를 좋아한다'라고 쓴 적이 있다. 윌리엄 제임스는 "인간성의 가장 심오한 원칙은 타인으로부터 인정받고자 하는 갈망이다"라고 말했다. 여기서 그가 인정받으려고 하는 '소망'이라든가 '욕망' 또는 '동경'이 아니라 '갈망'이라 표현한 것에 주목하라. 이것이야말로 인간의 마음을 뒤흔드는 타는 듯한 갈증이다.

칭찬은 카네기가 강조하는 가장 중요한 단어다. 그의 책 전체에서 단 하나의 단어만 남기라면 바로 '칭찬'일 것이다. 그러나 중요한 수식어를 놓쳐서는 안 된다. 바로 '솔직하고 진지하게'다. 솔직하고 진지한 칭찬만이 다른 사람으로부터 인정받고자 하는 인간의 깊은 갈망을 채워줄 수 있다.

'솔직하고 진지하게 칭찬과 감사를 하라' 원칙의 실천 팁

지난 한 달간 우리가 들었던 칭찬을 떠올려보자. 혹은 우리가 다른 사람에게 건넨 칭찬의 말에는 어떤 것들이 있었는가? 아마도 "수고했어", "잘했어", "역시 자네뿐이야", "인상이 좋으시네요" 같은 말일 것이다. 그런데 우리가 흔히 하는 이런 표현들은 정확히 무엇을 칭찬하는 것일까? 그 사람 자체를 칭찬하는 것인가, 아니면 다른 무언가를 칭찬하는 것인가?

대부분의 칭찬은 사실 사람 자체가 아니라 그 소유물에 대한 것이다. 새로 산 옷이 잘 어울린다거나, 남들이 가지지 못한 것을 가져서 부러워하는 경우가 그렇다. 성취나 결과에 대한 칭찬도 마찬가지다. "수고했어", "잘했어"라는 말은 성취에 대한 칭찬이지 그 사람 자체에 대한 것은 아니다. 점수를 잘 받은 학생들에게, 프로젝트를 잘 끝낸 직원에게, 계약을 수주한 영업사원에게 우리는 이와 같은 말을 건넬 수 있다. 그러나 이 역시 그 사람의 성취에 대한 칭찬이지 존재 자체를 인정하는 칭찬은 아니다. 물론 소유물이나 성취에 대한 칭찬은 사람을 기분 좋게 할 수 있고, 이 같은 칭찬도 하지 않는 것보다는 낫다. 하지만 여기에만 치중하면 부작용이 따른다. 시험 점수를 잘 받아야만 칭찬받는 아이는 점수에 대한 부담감과 두려움을 느낀다. 자신이 있는 그대로 받아들여지는 것이 아니라 결과로만 인정받는다는 공허감 때문이다. 대중에게 인기를 누리는 많은 스타들이 약물이나 스캔들로 무너지는 이유도 어쩌면 이렇게 과녁을 빗나간 칭찬 때문일 수 있다. 진정으로 사람의 마음을 움직이고, 생기를 불어넣고, 사람과 사람 사이를 연결하는 칭찬은 무엇일까? 그 해답이 이 원칙 속에 있다.

몇 년 전에 가출한 주부들에 관해 연구한 적이 있었다. 주부들이 집을 나가는 가장 큰 이유가 무엇이라고 생각하는가? 그것은 바로 '칭찬의 부족'이었다. 가출한 남편들에 대해서도 연구해보면 같은 대답이 나올 것이라고 나는 장담한다. 우리는 배우자에게 감사하다고 말하지 않는 것이 너무나 당연하다고 여긴다. 우리 코스(데일 카네기코스)에 들어온 한 사람은 부인이 요구한 것에 대해 이야기했다. 그의 부인은 교회의 자기계발 프로그램에 다른 여성들과 함께 참여하고 있었다. 그녀는 남편에게 자신이 훌륭한 가정주부가 되는 데 필요한 6가지 요구 사항을 기입해달라고 했다. 남편은 그 강좌에서 이렇게 말했다.

"저는 그런 요구 사항에 놀랐습니다. 솔직히 말해 아내가 고쳤으면 하고 생각하는 6가지를 적는 건 쉬운 일이었습니다. 그러나 아내도 제가 고쳤으면 하고 생각하는 것이 수천 가지는 될 것 같았습니다. 그래서 아내에게 이렇게 말했습니다. '생각할 시간이 필요하니 내일 아침에 대답하겠소'라고요. 다음 날 아침, 저는 일찍 일어나서 꽃집에 전화를 걸어 붉은 장미 여섯 송이를 아내에게 보내달라고 부탁했습니다. 꽃다발에는 '당신에게 고쳐달라고 할 6가지 일을 생각할 수가 없었소. 나는 지금 당신 그대로의 모습을 사랑하오'라고 쓴 카드를 붙여놓도록 했습니다. 그날 저녁 집에 도착했을 때 누가 문 앞까지 저를 마중 나왔을 거라고 생각하십니까? 물론 눈물을 가득 머금은 제 아내였습니다. 두말할 것 없이 저는 아내를 비판하지 않은 것을 무척 다행스럽게 생각했습니다. 일요일, 교회에서 아내가 자신의 연구 과제에 대한 성과를 보고하자, 아내와 함께 연구하고 있는 몇몇 여성이 저를 찾아와 이렇게 말했습니다. '우리가 들은 말 중 가장 사려 깊은 대답이었습니다.' 그때 비로소 저는 찬사의 힘이 얼마나 큰지 깨달았습니다."

우리는 그 사람 자체에 감사를 표현하고 있는가? '당신 그대로의 모습을 사랑하오'라는 표현처럼 성품이나 자질을 구체적으로 언급하는 칭찬은 무엇과도 바꿀 수 없는 힘을 지닌다. "민준아, 너는 용기 있는 사람이야", "네가 호기심을 갖고 연구하는 모습이 참 좋아" 같은 말은 카네기가 강조하는 솔직하고 진지한 감사의 언어다. 누군가의 내면적 자질을 발견해 건네는 말은 그 사람에게 평생 단 하나의 특별한 말이 될 수 있다.

비난과 불평은 누가 가르치지 않아도 다들 잘한다. 그러나 진심 어린 칭찬을 하려면 관심과 노력이 필요하다. 그래서 칭찬은 말하는 이와 받는 이 모두를 특별하게 만든다. 오늘 우리는 어떤 칭찬의 말을 주고받았는가? 섣불리 사람을 조종하려고 칭찬하는 것은 기만이 될 수 있다. SNS에 '좋아요'가 넘쳐나는 이 시대에 진정으로 필요한 것은, 바로 '타인에게 선한 영향력을 미치는 단 하나의 말'일지도 모른다.

다시 새겨봅시다

"칭찬은 카네기가 강조하는 가장 중요한 단어다. 그의 책 전체에서 단 하나의 단어만 남기라면 바로 '칭찬'일 것이다. 그러나 중요한 수식어를 놓쳐서는 안 된다. 바로 '솔직하고 진지하게'다. 솔직하고 진지한 칭찬만이 다른 사람으로부터 인정받고자 하는 인간의 깊은 갈망을 채워줄 수 있다."

· 원칙 ·

03

내가 원하는 것이 있다면

다른 사람들의
열렬한 욕구를 불러일으켜라

Arouse in the other person an eager want.

◆

데일 카네기는 딸기 아이스크림을 좋아했다고 한다. 그러나 낚시할 때는 자신이 좋아하는 아이스크림이 아니라 물고기가 좋아하는 지렁이를 미끼로 써야 한다고 말했다. 너무나 당연한 이야기다. 누구도 아이스크림을 낚시 미끼로 쓰지는 않는다. 그런데 인간관계에서는 왜 이와 반대로 행동할까?
세상 사람들은 모두 자기 욕구에 관심을 두고 있다고 카네기는 강조한다. 그렇다면 다른 사람을 내 편으로 만드는 방법은 간단하다. 그 사람이 원하는 것에 먼저 관심을 두고 이야기를 시작하면 된다. 그리고 내가 바라는 것이 상대방 입장에서도 어떻게 이익이 되는지를 설득할 수 있다면 우리는 친구를 얻고 영향력을 발휘할 수 있다.

'다른 사람들의 열렬한 욕구를 불러일으켜라' 원칙의 본래 뜻

언젠가 나는 매 시즌 20일 동안 밤에만 뉴욕의 한 호텔을 빌려 강의를 열곤 했다. 그런데 어느 해, 갑자기 임대료를 세 배 가까이 인상하겠다는 통보를 받았다. 이미 전단과 광고가 다 나간 상황이었으니 곤란하기 짝이 없었다. 그러나 호텔 담당자에게 내 입장을 호소해봤자 소용이 없었다. 그들은 자신들이 원하는 것에만 관심이 있었기 때문이다. 그래서 며칠 뒤 호텔 지배인을 찾아가 이렇게 말했다.

"저는 당신의 편지를 받고 놀랐습니다. 그러나 당신을 탓하고 싶지 않았습니다. 제가 당신 입장이라면 똑같은 편지를 썼을 것이기 때문입니다. 호텔 지배인으로서 가능한 한 이익을 내야 하는 것이 의무니까요. 만약 이익을 내지 못하면 해고될 수도 있겠지요. 자, 임대료를 올리려 한다면 그것으로 생기는 이익과 손해를 직접 따져보시지요."

그리고 나는 편지지를 집어 들어 세로로 가운데에 기다랗게 줄을 긋고서 한쪽엔 이익, 다른 한쪽엔 손해라고 적었다. 나는 이익란의 첫머리에 '큰 홀 비었음'이라고 적어 넣었다. 그리고는 말을 계속했다.

"당신은 큰 홀이 비었으니 그곳을 댄스파티나 회합을 위해 빌려줄 수 있는 이익을 갖게 되었습니다. 그것은 커다란 이익입니다. 왜냐하면 그런 모임에서는 시시한 강좌보다는 많은 돈을 낼 테니까요. 만일 내가 시즌 20일 동안 밤에 호텔의 대강당을 차지한다면 분명히 당신은 이익이 훨씬 많이 나는 사업을 놓치는 결과를 초래할 것입니다. 자, 이번에는 손해가 나는 부분을 생각해봅시다. 첫째, 나에게 나올 수익이 없어지기 때문에 수입이 줄어듭니다. 사실 줄어들기보다는 전혀 수입이 없습니다. 왜냐하면 당신이 요구하는 임대료를 지불할 수 없기 때문입니다. 저는 부득이 이 코스를 다른 곳에서 열 수밖에 없습니다.

당신에게는 또 다른 손해가 있습니다. 이 강좌에는 많은 지식인과 문화인들이 참석합니다. 그것은 호텔로서는 좋은 홍보가 아니겠습니까? 실제로 당신이 만약 5천 달러를 들여 신문에 광고를 낸다고 해도 저의 강좌가 끌어들이는 만큼의 많은 사람을 호텔로 불러들일 수는 없을 겁니다. 그것만 해도 호텔로서는 커다란 이익이 아닐까요?"

이야기를 하면서 나는 손해란에다 2가지를 적어놓았다. 그리고는 종이를 지배인에게 건네주며 말했다.

"당신에게 발생할 이익과 손해의 양쪽 모두를 신중하게 검토해 저에게 최종 결정을 알려주세요."

다음 날 나는 지배인으로부터 편지를 받았는데 임대료는 애초의 300퍼센트 대신 50퍼센트만을 인상하겠다는 내용이었다. 내가 원하는 것에 대해서는 한마디도 하지 않았지만 결국 원하는 것을 얻어냈다는 사실에 주목하기를 바란다. 나는 시종일관 상대방이 원하는 것과 그것을 어떻게 얻을 수 있는지에 관해서만 이야기했다.

인간은 자신의 욕구에 충실하다. 손해는 피하고 이익은 얻고 싶어 한다. 사례 속의 호텔 담당자의 욕구는 무엇인가? 강의장 임대료를 높여서 수익을 늘리는 것이다. 아마도 상사로부터 압박을 받았을 수도 있다. 혹은 임대료를 높여 받았다고 윗사람에게 칭찬받고 싶은 것일 수도 있다. 그러면 카네기의 욕구는 무엇일까? 당연히 낮은 임대료로 호텔을 사용하는 것이다. 이렇게 서로 다른 욕구가 충돌하면 당연히 스트레스가 발생한다. 그러면 상대방에게 어떻게 해야 할까?

사례의 설명처럼 대부분은 자신의 욕구를 더 강하게 주장할 것이다. 형편이 어렵다고 구구절절 하소연하거나, 호텔 측의 불합리한 요구에 항의하는 등 자신의 입장에서 이야기를 늘어놓는다. 하지만 데일 카네기는 철저히 호텔 담당자의 처지에서 이야기한다. 임대료 인상에 공감하면서도 그것이 한편으로는 이익이 되지만 다른 한편으로는 손해가 될 수 있다는 점을 짚어준다. 그러면서 대화의 중심을 언제나 상대방의 욕구에 두고, 결국에는 호텔이 장기적으로 더 큰 이익을 얻기를 바라는 상대방의 욕구를 자연스럽게 끌어낸다.

'다른 사람들의 열렬한 욕구를 불러일으켜라' 원칙의 실천 팁

무능한 팀장은 상사에게 잘 보이려는 자신의 욕구 때문에 팀원들을 압박한다. 하지만 유능한 팀장은 팀원들의 내적 욕구인 커리어 개발에 관심을 둔다. 당신이 팀원이라면 어떤 팀장을 따르겠는가? 무능한 영업 담당자는 자사 제품에 대해 이렇게 말을 늘어놓을 것이다.

"저희 제품의 카메라 성능은 매우 뛰어납니다. 최고의 기술력을 탑재했습니다."

하지만 유능한 영업자는 고객이 얻게 될 효능을 다음과 같이 이야기할 것이다.

"공연을 자주 보러 다니신다고 했죠? 이 카메라에는 선생님이 무대에서 멀리 떨어져 있어도 연주자의 얼굴을 선명하게 찍을 수 있는 줌 기능이 있습니다."

당신이라면 어떤 사람을 선호하겠는가? 나 역시 학창 시절 부모님의 잔소리만으로는 공부할 동기를 얻지 못했다. 그러나 고3 때 사촌 형이 유명 대학 캠퍼스를 안내하며 자신이 누린 경험을 들려주었을 때, 나는 처음으로 대학에 가야겠다고 결심했다. 욕구를 건드린 동기부여가 되었기 때문이다.

우리는 욕심 많은 사람을 싫어한다. 하지만 정작 자신의 욕구는 세상 무엇보다 소중하게 여긴다. 그래서 내 욕구만 드러내면 상대는 멀어지고, 반대로 상대의 욕구에 귀 기울이면 상대는 자연스럽게 다가온다. 우선은 상대방이 원하는 것에 집중해야 한다. 그리고 내가 가진 것이 상대방의 욕구에 어떻게 도움이 되는지를 생각해봐야 한다. 상대방 입장에서 얻을 이익을 대화의 주제로 삼아라. 그러면 나도 원하는 바를 얻을 것이다. 만약 내가 원하는 것이 상대방 입장에서 어떻게 이익이 되는지 떠오르지 않는다면, 차라리 그 이야기는 하지 않는 편이 낫다. 어차피 말해봤자 얻을 것이 없기 때문이다.

우리는 이 책의 첫 부분인 인간관계의 기본 원칙을 살펴보았다. 비난하지 않기, 칭찬하기, 상대의 욕구에 귀 기울이기. 이 3가지 원칙은 좋은 인간관계의 대전제다. 이 원칙이 너무 어렵게 느껴지는가? 아니면 남에게 맞춰주느라 자신이 원하는 것을 얻지 못할 것 같아 걱정되는가? 목적과 수단을 다시 생각해보자. 비난을 많이 하고, 칭찬을 적게 하고, 자신이 원하는 것만 드러내는 사람은 결코 원하는 것을 얻지 못한다. 반면 이 3가지 원칙을 잘 실천하는 사람은 다른 사람들에게 매력적인 존재로 인정받을 것이다. 그러면 내가 원하는 바를 달성하는 것이 훨씬 수월해진다. 이것은 지난 100년간 전 세계 85개국에서 데일카네기코스에 참여한 사람들이 실천을 통해 검증한 원칙이다. 다음 말을 항상 기억해라.

"먼저 다른 사람의 마음에 열렬한 욕구를 불러일으켜라. 이것을 할 수 있는 사람은 전 세계를 자기편으로 만들 수 있고, 그렇지 못한 사람은 외로운 길을 걷는다."

다시 새겨봅시다

"우선은 상대방이 원하는 것에 집중해야 한다. 그리고 내가 가진 것이 상대방의 욕구에 어떻게 도움이 되는지를 생각해봐야 한다. 상대방 입장에서 얻을 이익을 대화의 주제로 삼아라. 그러면 나도 원하는 바를 얻을 것이다. 만약 내가 원하는 것이 상대방 입장에서 어떻게 이익이 되는지 떠오르지 않는다면, 차라리 그 이야기는 하지 않는 편이 낫다. 어차피 말해봤자 얻을 것이 없기 때문이다."

Carnegie
Master
Edition

Part 2

호감을 얻는 사람이 되는 6가지 방법

Dale Carnegie

· 원칙 ·

04

어느 곳에서나 환영을 받으려면

다른 사람들에게 순수한 관심을 기울여라

Become genuinely interested in other people.

◆

축구를 좋아하는 사람들은 축구 이야기를 할 때 즐겁고, 같은 연예인을 좋아하는 사람들은 그 연예인 이야기를 함께할 때 시간 가는 줄 모른다. 사람들은 대개 공통의 관심사를 가진 상대와 대화할 때 친밀감을 느낀다. 그렇다면 동서고금을 막론하고 사람들이 가장 관심을 많이 가지는 대상은 무엇일까? 그것은 바로 자기 자신이다. 단체 사진을 보면 누구의 얼굴을 가장 먼저 확인하는가? 바로 자기 자신이다. 오늘의 운세를 확인할 때 누구의 별자리를 가장 먼저 찾는가? 역시 자신의 것이다.

인간이 본질적으로 자기중심적이라는 점은 카네기의 인간관계론을 관통하는 핵심 관점이다. 사람들이 공통의 관심사가 있는 사람을 좋아하고, 그중 자기 자신이 가장 중요한 관심사라면 답은 명백하다. 우리는 자신에게 관심을 기울여주는 사람을 좋아할 수밖에 없다. 다른 사람에게 순수한 관심을 기울이라는 카네기의 원칙은 지금도 여전히 유효하다.

'다른 사람들에게 순수한 관심을 기울여라' 원칙의 본래 뜻

데일 카네기는 로마 시인 푸블리우스가 한 말, "우리는 우리에게 관심 있는 사람에게 관심을 가진다"를 인용하며 자신이 이 말의 의미를 깊이 깨달았던 경험담을 하나 들려준다. 그것은 어린 시절 자신이 키웠던 강아지 '티피'에 관한 것이다. 카네기의 아버지는 농장을 운영했기에 집에는 소, 돼지, 닭 등 온갖 가축이 있었다. 소는 열심히 일하고, 닭은 알을 낳고, 돼지는 고기를 제공했다. 저마다 일종의 성과를 내는 것이다. 그런데 강아지 티피가 하는 가장 중요한 일은 무엇이었겠는가? 그것은 그저 주인을 좋아해주는 것이었다. 외출을 하고 집으로 돌아오면 꼬리를 흔들며 반갑게 맞아주고, 책을 보고 있으면 웅크리고 앉아 곁을 지킨다. 한마디로 끊임없이 주인에게 관심을 보이는 것이다. 카네기는 어린 시절 사고로 티피를 잃었을 때, 다른 어떤 동물을 잃었을 때보다 깊이 슬퍼했다고 고백했다.

친구를 얻는 가장 큰 비결은 무엇일까? 바로 내가 먼저 관심을 기울이는 것이다. 다른 사람이 나에게 관심을 가지도록 2년 동안 노력하는 것보다, 내가 다른 사람에게 관심을 보이면 두 달 이내에 더 많은 친구를 사귈 수 있다. 카네기는 이러한 인간관계의 기본 원리를 심리학 책이라고는 전혀 읽어보지 않은, 강아지 티피에게서 배웠다고 말한다. 《데일 카네기 인간관계론》에 소개된 다음의 일화를 보자.

뉴욕의 데일카네기코스 수강생 마틴 긴즈버그는 한 간호사가 그에게 보여준 특별한 관심이 그의 인생에 커다란 영향을 끼쳤다고 말했다.

"제가 열 살 되던 해의 추수감사절이었어요. 그때 저는 시립 병원의 복지 병동에 입원해 다음 날 정형외과 수술을 받기로 되어 있었습니다. 앞으로 몇 달 동안 제가 기대할 수 있는 것이라고는 침대에 꼼짝없이 누워 고통을 겪으며 회복을 기다리는 일밖에 없었습니다. 아버지는 이미 돌아가셨고, 어머니와 저는 조그마한 아파트에 사는 구호 대상자였는데 그날따라 어머니는 저를 찾아올 수 없었습니다. 시간이 흐를수록 고독감과 절망, 두려움이 엄습했고, 어머니는 아무도 없는 집에 홀로 앉아 저를 걱정하고 계셨습니다. 같이 있을 사람도, 밥을 함께 먹을 사람도 없었고, 추수감사절을 보낼 돈도 없었습니다. 눈물이 자꾸만 흘렀습니다. 머리를 베개 속에 묻고 이불을 뒤집어썼어요. 소리 죽여 흐느껴 우는 바람에 온몸에 통증이 생겼습니다. 그때 한 젊은 수습 간호사가 제 울음 소리를 듣고 병실로 와서 이불을 걷고 눈물을 닦아주었습니다. 간호사가 그날은 당번이라 가족과 함께 지낼 수 없어서 자기도 혼자라고 말하더군요. 그녀는 함께 저녁을 먹자면서 칠면조 고기, 감자 요리,

크랜베리 소스와 디저트용 아이스크림을 접시 두 개에 나누어 가져왔습니다. 저에게 말을 걸며 두려움을 가라앉혀 주었어요. 간호사는 오후 4시에 퇴근할 예정이었지만 거의 11시까지 제 방에서 함께 게임도 하고 이야기도 나누면서 제가 잠들 때까지 있어 주었습니다. 그날 이후 추수감사절이 오면 저는 그 특별했던 추수감사절과 좌절감, 두려움 그리고 고독을 참을 수 있게 해준 그 간호사의 따뜻한 인정을 잊을 수 없답니다."

다른 사람이 당신을 좋아하기를 바란다면, 또한 진실한 우정으로 그 사람을 도와주고 싶다면 마음속에 다음의 원칙을 꼭 기억해두길 바란다. 다른 사람들에게 순수한 관심을 기울여라.

이 이야기에 소개된 따뜻한 친절과 관심의 가치를 부정할 수 있겠는가? 인간은 어쩌면 자기중심적이기 때문에 외로운 존재일지도 모른다. 통계청 조사에 따르면 2023년 한국에서만 하루 38명 이상, 즉 한 시간에 한 명 이상이 스스로 목숨을 끊는다. 그러나 인간은 본질적으로 자기 고통에 더 민감하기 때문에 타인의 큰 고통보다도 내 손에 박힌 작은 가시가 더 아프게 느껴지곤 한다. 만약 인간이 조금만 더 타인에게 관심을 기울이고 공감할 수 있다면 서로의 외로움을 줄일 수 있을 것이다. 그렇다면 만약 누군가가 먼저 순수하게 타인의 고통과 아픔에 관심을 보이고, 성취를 기뻐해주고, 원하는 것에 귀 기울여준다면, 어찌 그 사람이 특별하지 않겠는가? 중요한 것은 원칙이 말해주듯 '순수한 관심'을 기울여야 한다는 점이다. 카네기 원칙에서는 언제나 수식어가 중요하다. 만약 나에게 관심을 기울이는 상사가 싫다면 관심 자체의 문제가 아니라 그 관심이 순수하지 않아서일 가능성이 크다. 업무를 더 시키려는 의도로 "요즘 잘 지내지?" 하고 안부를 묻는 것은 상대방의 경계심만 키울 뿐이다. 그렇다면 과연 이 원칙에서 말하는 '순수한 관심'은 무엇일까? 그리고 인간은 정말로 순수하게 관심을 기울일 수 있을까?

'다른 사람들에게 순수한 관심을 기울여라' 원칙의 실천 팁

순수한 관심의 반대말은 이익을 위한 관심일 것이다. 판매를 위해서 친절을 베풀고, 도움을 얻기 위해 안부를 묻는 것은 자신의 이익을 위한 것이다. 순수한 관심은 그 사람으로부터 무엇을 얻기 위해서가 아니라 상대방 자체에 대한 호기심에서 출발한다. 그러나 우리가 인간인 이상 100퍼센트 순수한 마음이란 불가능하다는 사실도 인정해야 한다. 인간은 늘 두 마음이 공존한다. 선물을 두 번 보내면 최소한 한 번은 받고 싶은 마음이 생기는 것을 탓할 수 없다. 기본적으로 자기중심성이라는 커다란 원심력 때문에 우리의 관심은 끊임없이 자신에게로 향한다.

하지만 짧은 시간 동안은 누구나 어떤 대상에 몰입할 수 있다. 집중해서 작업을 하거나, 즐겁게 스포츠 경기를 볼 때 대상에 몰입해서 잠깐이라도 자신을 잊어버리는 것처럼, 특정 대상에 일종의 집중력을 발휘하는 것은 가능하다. 주변 사람들에게 잠깐의 시간만이라도 집중해보라. 그 사람은 어떤 사람인지, 무엇을 좋아하는지, 어떤 어려움이 있는지 자세히 들여다보는 것이다. 대화할 때는 주의력이 허락하는 한 상대방에게 관심을 집중하라. 사람들과 함께 있을 때 '상대방에게 5분만 순수하게 관심을 가져봐야겠다' 하고 속으로 생각하는 것도 도움이 된다. 나는 이것을 '순간을 살기'라고 이름 붙였다. 비록 다음 순간에 다른 일을 해야 한다고 하더라도, 지금 이 순간만큼은 상대방이 전부라고 생각하는 습관을 들이는 것이다.

앞선 사례에서 젊은 간호사는 그 환자와 그날 이후 더 이상 관계가 이어지지 않았을 수도 있다. 하지만 그녀가 보여준 관심의 효과는 여전히 남아 있다. 데일카네기코스에서는 이러한 관심의 중요성을 체감할 수 있도록 참가자 전원이 특정 주제에 대해 각자 2분씩 자신의 이야기를 나누는 시간을 갖는다. 2분 동안 이야기하는 사람에게 집중하는 연습을 한다. 비록 2분은 짧은 시간이지만 주의를 기울인다면 생각보다 많은 공감대를 얻을 수 있다. 코스에 참여한 사람들이 이 과정을 반복하면서 몇 주 지나지 않아서 서로의 속 깊은 이야기까지도 나누는 친밀한 관계를 형성하는 것을 나는 수도 없이 보았다.

강사들을 가르치며 마스터로서 내가 항상 강조하는 것이 있다. 강의에서 무엇을 어떻게 말할지 고민하는 것은 자기 자신에 대한 관심이지만, 수강생과 대화하며 그들의 이야기에 귀 기울이는 것은 타인에 대한 관심이라는 사실이다. 그리고 코스에서의 진정한 변화는 트레이너가 수강생에게 순수한 관심을 기울이는 바로 그 순간 일어날 수 있다는 점이다.

관심을 연습하는 한 가지 방법이 '순간을 살기'라면, 두 번째는 '길게 바라보기'라고 이름 붙이고 싶다. 인간관계는 부메랑과 같다. 관심을 주면 관심으로 돌아오고, 비난을 주면 비난으로 돌아온다. 다만 시간이 오래 걸릴 뿐이다. 내가 관심을 기울인 사람이 곧바로 나에게 같은 관심을 보이지 않을 수도 있다. 이러한 점을 이해해야만, 관심을 단순히 이익을 위한 도구로 삼는 태도를 피할 수 있다. 상대에게 당장 무엇을 얻으려 하지 말고 농부가 씨를 뿌리듯이 순간순간 관심을 기울이는 태도를 지니려고 노력하자. 그러다 보면 결국 다른 사람들이 좋아할 만한 사람이 될 것이다. 카네기가 말한 것처럼 다른 사람에게 순수한 관심을 기울이는 습관을 두 달만 가져보라. 2년 동안 관심을 받기 위해 애쓸 때보다 더 많은 사람이 내 주변에 있을 것이다.

다시 새겨봅시다

"인간이 본질적으로 자기중심적이라는 점은 카네기의 인간관계론을 관통하는 핵심 관점이다. 사람들이 공통의 관심사가 있는 사람을 좋아하고, 그중 자기 자신이 가장 중요한 관심사라면 답은 명백하다. 우리는 자신에게 관심을 기울여주는 사람을 좋아할 수밖에 없다."

· 원칙 ·
05

매력적으로 다가가려면
미소를 지어라

Smile.

◆

가족사진을 촬영하러 갔을 때 일이다. 단란한 가족의 모습을 남기고 싶었지만 실상은 전혀 그렇지 않았다. 차 안에서 두 아이는 끊임없이 다투고, 교통 체증에 짜증을 못 이겨 스튜디오로 향하는 내내 차 안은 전쟁터를 방불케 했다. 우여곡절 끝에 네 식구가 카메라 앞에 섰다. 사진사가 카메라를 들고 말했다.
"하나, 둘, 셋, 웃으세요!"
위기의 순간이다. 웃을 기분이 아닌데 웃어야 했다. 우리는 억지로 씨익 웃으며 어색한 미소를 지었다. 사진사가 농담을 던졌다.
"서로 싸우셨어요? 좀 다정하게 포즈도 취하고 웃으세요."
이날 사진사의 말은 상투적인 멘트가 아니라 진실이었다. 하지만 어쩌겠는가? 사진은 찍어야 하니 웃을 수밖에. 그런데 놀라운 현상을 발견했다. 억지로라도 웃고 다정한 포즈를 취하다 보니, 나중에는 정말로 분위기가 훈훈해졌다. 촬영이 끝날 즈음에는 가식적인 미소가 아닌 진짜 다정한 웃음이 담긴 사진이 완성되었다.

'미소를 지어라'
원칙의 본래 뜻

많은 사람들이 묻는다. 웃을 기분이 아닌데 어떻게 웃을 수 있느냐고. 억지로 웃는 것은 가식이 아닌가 하는 의문도 제기된다. 물론 이익을 얻기 위해 억지로 웃으라는 말이 아니다. 그것은 위선이다. 또 도저히 웃을 수 없는 불행을 당한 사람에게 "긍정적으로 생각하라, 웃어넘겨라"라고 충고하는 것은 올바른 위로가 아니다. 이런 경우에는 슬픔을 함께 나누고 진심으로 공감해야 한다. 미소는 자연스러워야 한다.

그럼에도 일상에서 미소를 선택하려는 노력은 여전히 중요하다. 개인적 고민이 있더라도 학생들에게 따뜻한 미소를 건네는 선생님의 노력을 깎아내릴 수는 없지 않은가? 임원에게 꾸중을 듣고도 팀원들에게 짜증을 표출하기보다는 밝은 표정을 보이려 애쓰는 팀장의 여유는 또 어떤가? 힘든 하루를 마치고 집으로 돌아와 가족들에게만큼은 웃음을 보이려는 아버지의 다짐을 과연 가식이라 할 수 있을까? 아니다. 그것은 일상을 가치 있게 만드는 위대한 시도다.

데일 카네기는 이러한 태도의 중요성을 강조하기 위해 《데일 카네기 인간관계론》에서 작가 엘버트 허버드Elbert Hubbard의 글을 인용한다.

밖으로 나갈 때마다 턱을 안으로 당기고 머리를 꼿꼿이 세운 다음 숨을 크게 들이마셔라. 햇살을 바라보며 친구를 미소로 맞고, 악수를 나눌 때마다 정성을 다해라. 오해받을까 두려워 말고, 적을 생각하느라 단 1분 1초도 허비하지 말라. 무엇을 하고 싶은가를 마음속에 확실히 심어두어라. 그리고 옆길로 새지 말고 목표를 향해 곧장 전진하라. 당신이 하고 싶은 위대하고 찬란한 일에 대해 생각하라. 그러면 시간이 흐름에 따라 자신도 모르게 원하는 것을 이루는 데 필요한 기회를 잡고 있음을 발견할 것이다. 이는 마치 산호층이 조류에 몸을 맡기고 필요로 하는 것을 취하는 것과 같다. 마음속에 당신이 되고 싶어 하는, 유능하고 정직하고 쓸모 있는 사람을 그려보라. 그러면 당신이 품고 있는 생각이 시간이 흐름에 따라 당신으로 하여금 그런 인물이 되게 할 것이다. 생각이란 아주 중요한 것이다. 올바른 정신 자세를 갖도록 하라. 용기, 정직 그리고 명랑한 정신 자세를 가져라. 올바르게 생각하는 것은 창조하는 것이다. 모든 것은 욕망으로부터 얻어지며, 모든 진지한 기도는 어떤 형태로든 응답받는다. 우리는 우리가 마음먹은 대로 된다. 턱을 안으로 잡아당기고 고개를 꼿꼿이 세워라. 우리 인간은 미완성의 신들이다.

나는 이 글의 마지막 문장, "우리 인간은 미완성의 신들이다"라는 구절을 특히 좋아한다. 우리는 미완성이다. 긍정과 부정이 뒤섞여 있으며, 그중 무엇을 표현할지는 '내가' 선택한다. 오늘 하루 미소를 선택해보자. 출근길에, 모임에 나갈 때, 사람을 만날 때마다 턱을 당기고 고개를 세워 숨을 크게 들이마시고, 친구를 미소로 맞고, 악수할 때 정성을 다하자. 물론 힘들 때는 울어도 좋다. 하지만 하루가 지나 다시 햇살을 맞으며 이 다짐을 되새긴다면 우리의 신성神性은 조금씩 자라날 것이다.

억지웃음을 자본주의 미소라며 '웃픈' 이름을 붙일 수도 있다. 그러나 《데일 카네기 인간관계론》은 친구를 얻고 타인에게 영향력을 미치는 리더십에 관한 책이다. 미소는 강자의 언어다. 미소를 지으려는 노력은 우리를 내면이 단단한 강자로 성장시킨다.

데일 카네기는 행동심리학의 아버지라 불리는 하버드대학 교수 윌리엄 제임스William James를 인용하곤 했다.

"미소를 지어라. 우리는 때로 감정의 지배를 받지만, 우리의 행동으로 감정을 따라오게 만들 수도 있다."

부모라면, 리더라면 미소를 통해 기쁨을 끌어낼 줄 알아야 한다.

'미소를 지어라'
원칙의 실천 팁

때로는 내 의도와 상관없이 미소 짓지 않는 것만으로도 상대방에게 불쾌감이나 경계심을 줄 수 있다. 회의 시간에 인상을 찌푸리고만 있어도 사람들은 눈치를 본다. 미소라는 작은 노력을 게을리해 관계에 손해를 보는 것은 어리석은 일이다. 프랑스 작가 샹포르Nicolas Sébastien de Chamfort는 "일상에서 가장 헛되게 보낸 날은 웃지 않았던 날이다"라고 말했다. 웃을 일이 없어서가 아니라, 웃으려는 노력조차 하지 않은 것이 헛되고 불행한 상태라는 뜻이다.

《데일 카네기 인간관계론》을 기반으로 전 세계 80개국에서 운영되는 데일카네기코스에는 "열정적으로 행동하면 열정적으로 된다"라는 구호가 있다. 참가자들은 이 문구를 마음에 새기며 평소 미루어둔 작은 실천들을 하나씩 해나간다. 매일 한 사람 칭찬하기, 출근 전 가족에게 밝게 미소 짓기, 하루 1시간 달리기, 업무에 도움 되는 데이터를 매일 하나씩 정리하기 등이다. 작은 습관을 실천하다 보면 잠들어 있던 열정이 조금씩 샘솟는다. 미소 짓기도 마찬가지다. 늘 웃으며 살 수는 없지만, 일정 기간 습관을 들이면 긍정적인 내면이 확장되는 경험을 할 수 있다고 강조한다.

미소로 사람을 환대하는 것은 좋은 인간관계의 첫 관문이다. 물론 거절에 대한 두려움이 앞설 수 있다. 그러나 이렇게 생각해보자. 자기 자신에게만 몰두하는 사람은 거절을 두려워한다. 그러나 상대에게 관심을 가지는 사람은 걱정할 필요가 없다. 그가 좋아하는 이야기를 들어주는 것만으로 충분하다. 만약 상대가 나를 거절한다면 그것은 그의 자유지만, '좋은 친구를 사귈 기회'를 놓치는 쪽은 바로 그 사람이다. 그래서 우호적인 사람은 자신감 있는 미소로 다가갈 수 있다.

자의식은 두려움을 만들고, 우호성은 자신감을 키운다. 억지로 미소를 지으면 어색하다. 하지만 '상대가 무엇을 필요로 하는지 먼저 듣고, 도울 수 있는 일이 있으면 돕자'라는 마음가짐을 가진 영업 담당자의 얼굴에는 자연스럽게 자신감 있는 미소가 번진다. 나를 위해 지은 미소는 어색하지만, 상대를 생각하는 마음에서 우러난 미소는 따뜻하게 빛난다.

다시 새겨봅시다

"미소는 강자의 언어다. 미소를 지으려는 노력은 우리를 내면이 단단한 강자로 성장시킨다."

· 원칙 ·

06

언제 어디서나

상대의 이름을 잘 기억하라. 당사자들에게는 자신의 이름이 그 무엇보다 기분 좋고 중요한 말임을 명심하라

Remember that a person's name is to that person the sweetest and most important sound in any language.

◆

당신이 세상에서 가장 좋아하는 소리는 무엇인가? 우리는 어떤 소리를 들을 때 행복해질까? 아기의 웃음소리, 맑은 냇물이 흐르는 소리, 아름다운 피아노 선율처럼 우리를 행복하게 만드는 소리는 많다. 그중에서 나에게 가장 중요한 소리, 세상에서 사라지지 않기를 바라는 소리는 무엇일까? 아마 그것은 누군가가 다정하게 내 이름을 불러주는 소리일 것이다. 시끄러운 공간에서도 누군가가 자신의 이름을 부르면, 저절로 귀를 쫑긋 세우게 된다. 그만큼 이름은 다른 모든 소리를 넘어 우리의 마음을 파고든다.

데일 카네기는 이름을 '그 사람에게 가장 소중하고 달콤하게 들리는 소리'로 기억하라고 조언한다. 세상의 수많은 언어가 있지만 이름은 그 한 사람만을 위한 가장 희소한 가치를 지닌 단 하나의 단어다. 당사자에게 세상에서 가장 소중하고 달콤한 소리인 '이름'을 중요하게 다루는 것은 인간관계의 핵심 원칙이 아닐 수 없다.

'상대의 이름을 잘 기억하라'
원칙의 본래 뜻

카네기의 책에 소개된 데일카네기코스 참가자의 일화부터 먼저 살펴보자.

인디애나주의 제너럴모터스에서 일하던 캔 노팅햄은 점심시간이면 늘 회사 식당을 찾곤 했다. 어느 날 그는 계산대에서 일하는 한 여성이 항상 무표정하게 서 있는 것을 보았다. 샌드위치를 만들고는 저울에 햄을 달아 정확히 담고, 양상추 몇 장과 포테이토칩 몇 개를 형식적으로 올리는 모습이었다. 다음 날 그는 같은 줄에 섰다. 그런데 이번에는 작은 차이를 만들기로 했다. 그녀의 이름표를 유심히 본 것이다. 접시에 음식을 받으면서 그는 미소 띤 얼굴로 말했다.

"안녕하세요, 유니스?"

그 순간, 그녀의 표정이 바뀌더니 저울에 달지도 않고 햄을 넉넉히 올려주었고, 양상추도 세 장, 포테이토칩은 접시에 넘칠 만큼 담아 주었다.

캔은 그때 이름의 힘을 깨달았다. 이름은 단순한 호칭이 아니다. 이름은 세상에 단 하나뿐인, 그 사람만의 고유한 정체성을 담고 있다. 이름을 불러주는 순간, 그저 '한 사람'이 아니라 특별한 존재가 된다. 그래서 종업원에서부터 최고경영자에 이르기까지, 상대의 이름을 부르는 것은 관계를 바꾸는 마법 같은 힘을 발휘한다.

이 사례를 단순히 직원의 이름을 불러주면 특별한 대접을 받을 수 있다는 일종의 처세술로 해석할 것인가? 사람들은 회사·단체·학교 같은 사회적 집단 혹은 남성·여성·청년·노인 등 인구통계학적 분류 어딘가에 소속됨으로써 일종의 정체성을 갖는다. 그 정체성은 '학생', '사장님', '고객님', '아저씨', 심지어 '저기요' 같은 대명사로 불린다. 대명사로 불리는 관계는 피상적이다. 하지만 누군가의 이름을 부르는 순간 우리는 집단 속 익명성을 벗어나 인격을 지닌 한 개인으로 서로를 마주하게 된다. 비로소 인간 대 인간의 관계가 형성되기 시작한다. 집단에서 개인으로! 이것이 데일 카네기가 말하는 중요한 정신이다.

영화 〈기생충〉으로 세계적 명장이 된 봉준호 감독은 스태프 한 사람 한 사람의 이름을 기억하려고 애쓸 뿐만 아니라, 단 하루만 촬영하고 떠나는 엑스트라에게도 할 말이 있을 때는 조감독에게 꼭 이름을 확인해 부르며 요구 사항을 전달했다고 한다. 이름이 불리는 순간, 사람은 단순히 집단의 일원이 아니라 고유한 인격체로 인정받는다. 진정한 존중은 관념이 아니라 실천이다. 그리고 그 실천은 상대방의 이름을 기억하고 부르는 데서 시작된다.

'상대의 이름을 잘 기억하라'
원칙의 실천 팁

이름 부르기는 그만큼 중요하지만, 많은 사람이 이름 기억하기가 어렵다고 말한다. 그러나 몇 가지 기술만 익히면 의외로 쉽게 기억할 수 있다는 것을 알게 된다. 책에 소개된 짐 팔리의 사례를 보자.

> 이 소년에게는 교육받을 기회가 전혀 없었다. 그러나 그는 천성적으로 쾌활했고 사람들에게 호감을 사는 재능이 있어 마침내 정계에 입문했다. 세월이 지나 그는 사람들의 이름을 외우는 데 신비한 능력을 발휘했다. 고등학교 문 앞에도 가본 일이 없었지만, 마흔여섯 살이 되기 전에 네 개의 대학에서 학위를 받았고, 민주당 전국위원회 의장과 미합중국 체신부 장관이 되었다. 언젠가 나는 그와 인터뷰하는 자리에서 성공 비결을 물었다. 그가 "열심히 일하는 것이지요"라고 말했다. 내가 "농담이죠?"라고 하자 그는 되물었다. "당신은 나의 성공 비결이 무엇이라고 생각하십니까?"
> "의장님은 수천 명의 첫 이름자만 말해도 그들의 얼굴을 모두 기억하실 수 있는 분으로 알고 있습니다."
> "아니요, 틀렸소. 5만 명의 이름을 기억할 수 있소."
> 짐 팔리는 이런 능력으로 1932년 프랭클린 D. 루스벨트의 대통령 선거운동을 성공적으로 이끌어 루스벨트가 백악관의 주인이 되

는 데 큰 도움을 주었다. 그는 석고 외판원으로 여기저기 방문하던 시절과 스토니포인트 지역에서 가게를 하던 때에 사람들의 이름을 기억하는 방법을 터득했다. 처음에는 무척 간단했다. 새로운 사람을 만날 때마다 그 사람의 성과 이름, 가족, 하는 일, 정치적 견해 등을 알아냈다. 이것들을 마음속에 그림을 그리듯 새겨두었다가 다음에 만나면, 비록 1년 뒤라 해도 악수하며 가족의 안부를 묻거나 뒤뜰의 접시꽃에 관해 물었다. 그의 지지자가 늘어난 것은 당연했다. (…) 짐 팔리는, 사람이란 지구상의 이름을 다 합친 것보다 자신의 이름에 더 많은 관심이 있다는 사실을 어릴 때부터 깨달았다. 사람들의 이름을 기억하고 자주 불러라. 그러면 당신은 많은 찬사를 받을 것이다. 그러나 이름을 잊거나 잘못 말하면 곤란에 빠질 수 있다.

이 이야기는 이름 기억하기의 중요성과 장점을 설명할 뿐만 아니라, 이름을 효과적으로 기억하는 방법까지 시사한다. 짐 팔리는 새로운 사람을 만날 때마다 그 사람의 성과 이름, 관련 정보를 마음속에 그림을 그리듯 새겨두었다. 이는 일종의 연상 기억법이다. 실제로 데일 카네기는 이름을 잘 기억하는 법을 개발해 사람들에게 훈련시켰다. 데일카네기코스에서는 이를 L.I.R.A.Look and listen, Impression, Repetition, Association라는 공식으로 정리해 100년 이상 전 세계 리더들을 지도해왔다. 요지는 다음과 같다.

- **Look and listen**: 이름을 분명히 묻고, 명함을 주고받거나 소개받을 때 상대를 바라보며 이름을 주의 깊게 듣기.
- **Impression**: 인상을 기억하기. 상대의 이미지를 '따뜻함', '부드러움', '지적인', '진지한', '누구를 닮은' 등 구체적 말로 마음속에 표현하기.
- **Repetition**: 반복해서 부르기. 대화 중 정중하게 이름을 최대한 부르기. 예: "수고하셨습니다" 대신 "홍헌영 선생님, 만나서 반가웠습니다".
- **Association**: 연상하기. 이름과 연상되는 긍정적 단어를 함께 기억하기. 예: '헌신적이고 영감을 주는 강사 홍헌영', '유능함과 지혜로 윤택한 삶을 사는 유지윤' 등.

이름을 기억하는 이러한 기법은 단순해 보이지만 실천해보면 기대 이상의 효과가 있다. 데일카네기코스 참가자들 가운데 처음엔 이름을 잘 기억하지 못한다고 말하지만, 이 방법으로 연습한 뒤 짧은 시간에 많은 사람의 이름을 기억해내는 자신을 보고 놀라워하는 사람이 많다. 그러나 기법보다 더 중요한 것은 태도다. 데일 카네기는 이렇게 강조한다.

"이름을 기억하는 것은 이름 자체보다도 그 사람을 기억하고 싶은 마음의 산물이다. 이름을 기억하는 일은 우리 자신이 아닌 다른 사람을 소중하게 여기는 노력의 결과물이어야 한다. 그렇지 않으면 단지 기억력을 자랑하는 도구에 불과하다."

다시 새겨봅시다

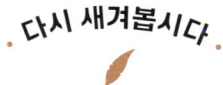

"이름이 불리는 순간, 사람은 단순히 집단의 일원이 아니라 고유한 인격체로 인정받는다. 진정한 존중은 관념이 아니라 실천이다. 그리고 그 실천은 상대방의 이름을 기억하고 부르는 데서 시작된다."

· 원칙 ·
07

즐거운 대화를 나누려면

경청하는 사람이 되어라. 스스로에 대해 말하도록 다른 사람들을 고무시켜라

Be a good listener. Encourage others to talk about themselves.

◆

누구를 만나든 대화를 잘할 수 있는 만능 치트키가 있다면 어떨까? 일찍이 데일 카네기는 그 방법을 통찰하고 인간관계의 중요한 원칙으로 채택했다. 만능 치트키라는 말이 다소 장난스럽긴 하지만 결코 과장은 아니다. 남의 말을 열심히 끝까지 들어본 일이 있다면 그것이 쉽지 않다는 사실을 잘 알 것이다. 실제로 경청은 굉장한 노동이다. 경청이 쉬운 일이라면 우리는 모두 학창 시절 우수한 학생이 되었을 것이다. 나를 위해 힘든 일을 해주는 사람에게 우리가 고마움과 호감을 느끼는 것은 당연한 일이다. 그래서 경청하는 사람과의 대화는 언제나 즐겁다. 대화를 잘하게 만드는 만능 치트키, 그것은 바로 '경청'이다.

'경청하는 사람이 되어라'
원칙의 본래 뜻

사람들은 누군가가 자신에게 무언가를 말해주기를 원하지만, 실제로는 자신의 이야기를 들어주는 사람을 더 선호한다. 오늘날 이미 정보와 조언은 차고 넘치기 때문이다. 데일 카네기의 일화를 하나 살펴보자.

> 얼마 전 나는 브리지 파티(카드놀이 모임)에 초대받았다. 카드놀이를 할 줄 몰랐는데, 마침 나처럼 게임을 모르는 한 부인이 있었다. 그녀는 내가 한때 라디오 방송으로 유명했던 로웰 토머스의 매니저였다는 사실을 알고 있었다. 그 시절 나는 그의 여행기를 준비하는 일을 도우며 유럽을 자주 함께 다녔다. 부인은 반갑게 말했다.
> "어머, 그러셨군요, 카네기 씨! 당신이 가본 멋진 장소들과 아름다운 풍경 이야기를 꼭 듣고 싶네요."
> 우리는 소파에 앉아 이야기를 시작했는데, 부인은 자신이 얼마 전 남편과 아프리카 여행을 다녀왔다고 했다.
> "아프리카요?" 나는 눈을 크게 뜨며 말했다. "정말 흥미로우셨겠네요. 사실 저는 늘 아프리카에 가보는 게 꿈이었습니다. 하지만 제가 경험한 건 알제리에서 잠시 24시간 머문 게 전부였어요. 진짜로 맹수들이 사는 지역에도 가보셨나요? 그렇다니 정말 행운이군

요. 부럽습니다. 아프리카 이야기를 좀 들려주세요."

그녀의 이야기는 무려 45분 동안 이어졌다. 하지만 내 여행 경험에 대해서는 단 한 번도 다시 묻지 않았다. 그 부인에게 중요한 건 내 이야기가 아니었다. 그녀에게 필요한 건 자신에게 관심을 보이며 이야기를 들어주는 단 한 명의 청중이었다. 자신이 다녀온 경험을 자랑스럽게 들려줄 기회를 얻은 것, 그것이 전부였다. 그렇다면 이 부인이 특별히 이상한 걸까? 전혀 아니다. 사실 사람들은 대부분 이와 크게 다르지 않다.

데일 카네기가 활동하던 시절에도 경청을 잘하는 사람은 드물었던 모양이다. 오늘날은 오죽하겠는가? 현대인들은 정보의 파도 속에서 한 번에 여러 생각을 하느라 분주하다. 말 그대로 오만 가지를 생각한다. 오늘날 우리가 하루에 접하는 뉴스는 19세기 사람들이 평생 접하는 정보량보다 많다고 한다. 그 정보들이 실시간으로 업데이트되고 SNS를 통해 순식간에 퍼져 나간다. 우리 뇌는 외부로부터 무한한 정보 자극을 받아 끊임없이 이를 해석하고 재생산한다.

경청! 그것은 오만가지 생각과 정보 처리를 멈추고 온전히 한 사람에게만 집중하는 숭고한 노력이다. 수많은 정보를 동시에 인지하고 빠른 속도로 해석한 뒤, 한 번에 여러 가지로 반응하는 데 익숙한 우리로서는 오로지 한 사람 이야기에만 집중해서 듣고 공감하는 일이 낯설다. 누군가의 이야기를 들을 때 다른 수많은 정보가 우리를 방해한다. SNS에 올라오는 소식, 스마트폰의 각종 메시지, 주변 소음, 그뿐만이 아니다. 미처 응답하지 못한 이메일, 내일 처리해야 하는 일들, 다음 스케줄이 머릿속을 맴돈다. 겉으로는 상대의 말을 듣고 있지만 관심은 여전히 자기 자신에게 머물러 있다. 기껏해야 상대의 말에 의례적으로 반응한 뒤 재빨리 해결책을 알려주는 것을 반복한다. 그야말로 경청은 험난한 과정이다. 역설적으로 그래서 소중하다. 경청에는 힘이 있다. 사람들은 자신을 평가하지 않고, 그저 관심 있게 질문하며 공감하고 들어주는 상대를 좀처럼 만나기가 어렵기 때문이다. 사례 속 부인이 특별히 수다스러워서가 아니다. 경청이 필요한 사람이 그것을 해줄 수 있는 보기 드문 상대를 만났을 뿐이다.

'경청하는 사람이 되어라' 원칙의 실천 팁

경청과 관련한 데일 카네기의 조언을 살펴보자.

> 만일 사람들이 당신을 피해 다니고, 등 뒤에서 비웃고 경멸하게 만들고 싶다면 여기에 한 가지 확실한 방법이 있다. 누구의 말이든

절대로 오랫동안 듣지 말라. 쉴 새 없이 자기 이야기만 떠들어대면 된다. 다른 사람이 말하는 동안 좋은 생각이 떠오르면 그 사람의 말이 끝나기를 기다릴 필요 없다. 남의 말을 끊고 자기 말을 하면 된다. 당신은 그런 사람을 알고 있는가? 불행하게도 나는 알고 있다. 그리고 그보다 더욱 놀라운 점은, 그들 중 일부는 유명 인사라는 것이다. 그런 사람들은 지루하기 짝이 없다. 그들은 자신의 자아에 도취해 있고 자신이 특별하다는 느낌에 사로잡혀 있는 사람들이다. 혼자 떠드는 사람은 오로지 그들 자신만을 생각하는 사람들이다. 컬럼비아대학의 총장으로 다년간 재직했던 니컬러스 머리 버틀러 박사는 "자기 일만 생각하는 사람은 교양 없는 사람이다. 어느 정도 교육을 받았더라도 교양 없는 사람이다"라고 말했다. 그러므로 대화에 능한 사람이 되기를 원한다면 우선 주의 깊게 경청하는 사람이 되어야 한다. 자신에게 흥미를 느끼게 하려면 먼저 타인에게 흥미를 느껴야 한다. 다른 사람들이 대답하기 좋아하는 질문을 던져야 한다. 그들 자신과 그들의 업적에 관해 이야기하도록 격려해주어야 한다. 당신과 대화하는 사람은 당신의 문제보다 몇백 배 더 그들 자신이 원하는 것과 자신들의 문제에 관심이 있다는 사실을 명심하라. 어떤 사람의 치통은 수백만 명을 굶어 죽게 만드는 중국의 기근보다 더 중요한 일이다. 목에 돋은 종기는 아프리카의 지진보다 그 사람에게는 더욱 심각하다. 다음번에 대화를 시작할 때는 이 점을 명심하도록 하라.

나는 직업상 성공한 사업가나 조직의 리더들을 자주 만난다. 처음에는 그들과의 대화가 다소 부담스러웠다. 나는 특별히 내세울 것이 없는데 대화를 잘할 수 있을까 하는 막연한 걱정도 있었다. 하지만 경청의 원칙을 깨닫고 나서는 대화에 자신감이 생겼다. 특히 상대가 상사이거나 윗사람이라면 오히려 더 대화하기가 쉽다는 사실을 발견했다.

"어떻게 해서 그것을 성취하셨나요? 어떻게 그 위치까지 성공할 수 있었나요?"

이렇게 질문을 하면 10분, 30분, 아니 1시간 넘게 이야기하는 사람들을 많이 보았다. 그때부터는 그저 공감하면서 잘 듣기만 하면 된다. 끝날 때쯤 아마 즐거운 대화였다는 말을 듣게 될 것이다. 그저 열심히 듣기만 했는데도 이미 나는 대화를 잘하는 사람이 되어 있다. 당신이 들을 줄 안다면 대화를 잘하는 사람이라는 자신감을 가져도 좋다.

또 하나, 본문에서 언급한 것처럼 경청을 잘하려면 질문이 준비되어야 한다. 그리고 판단하기보다는 공감이 중요하다. 우리는 무언가 해결책을 제시해야 다른 사람에게 도움을 줄 수 있다고 믿는 경향이 있다. 하지만 이는 큰 오해다. 오늘날 우리는 마음만 먹으면 좋은 정보와 답을 찾을 수 있다. 문제는 우리의 감정과 생각을 편견 없이 받아주는 이가 거의 없다는 점이다. 그래서 어쩌면 우리에게 좋은 기회가 있는지도 모른다. 집중해서 듣고 공감해준다면 상대에게 둘도 없는 소중한 존재가 될 수 있기 때문이다.

누군가와 관계를 증진하고 싶다면 대화를 나누어라. 특별히 경청을 목적으로 한 대화를 해보는 것이다. 가벼운 일상부터 최근의 고민, 진로 등 그 사람의 생각이나 감정에 관한 질문을 하면 더욱 좋다. 그리고 반응과 공감을 표현한다. "그래서요?", "어떻게 된 건가요?", "예를 들어주세요", "아, 그렇군요" 등 상대에게 더 많은 이야기를 끌어내는 간단한 추임새면 충분하다. 내가 그 사람의 이야기를 들어주는 한, 나는 상대에게 꼭 필요한 사람이라는 사실을 기억하라. 해법이나 조언은 잠시 접어두어도 좋다.

올리버 웬델 홈스Oliver Wendell Holmes는 "말하는 것은 지식의 영역이고 듣는 것은 지혜의 영역"이라고 했다. 듣기는 상대를 위한 것뿐 아니라 나를 위한 것이기도 하다. 지혜로운 사람은 잘 듣고, 그 과정에서 새로운 지혜를 얻는다. 지난 한 달을 돌아보면 내 이야기에 30분 이상 진심으로 귀 기울여준 사람이 얼마나 될까? 아마 손에 꼽을 것이다. 그렇기에 경청은 아무에게나 받을 수 없는 귀한 선물이다. 오늘 당신이 소중히 여기는 사람에게 이 값진 선물을 전해보라. 바로 경청이라는 선물을!

다시 새겨봅시다

"지혜로운 사람은 잘 듣고, 그 과정에서 새로운 지혜를 얻는다. 지난 한 달을 돌아보면 내 이야기에 30분 이상 진심으로 귀 기울여준 사람이 얼마나 될까? 아마 손에 꼽을 것이다. 그렇기에 경청은 아무에게나 받을 수 없는 귀한 선물이다. 오늘 당신이 소중히 여기는 사람에게 이 값진 선물을 전해보라. 바로 경청이라는 선물을!"

· 원칙 ·
08

나를 다시 보고 싶게 하려면

상대방의 관심사에 맞춰 이야기하라

Talk in terms of the other person's interests.

◆

많은 사람이 가장 큰 관심을 자기 자신에게 기울인다는 사실을 기억하는가? 이것이 바로 우리가 인간관계에서 자주 실패하는 이유이면서도, 동시에 의미 있는 대화를 나눌 수 있는 절호의 기회이다. 인간은 자신의 관심사에 대해 말하고 싶은 욕구가 있다. 사람마다 정치, 경제, 주식, 예술, 취미 등 여러 관심사가 있겠지만, 정확히 말하면 사람들은 주로 내가 좋아하는 정치인, 내가 산 주식, 내가 본 전시회, 내가 즐기는 취미에 가장 관심이 있다. 카네기가 말한 대화의 기술도 바로 이것이다. 세상에서 가장 흥미진진한 주제는 따로 있지 않다. 자신이 관심을 두는 것이 곧 가장 흥미로운 주제다. 그래서 상대방의 관심사를 대화의 주제로 삼는 것은 거의 실패할 수 없는 전략이다.

'상대방의 관심사에 맞춰 이야기하라' 원칙의 본래 뜻

데일 카네기는 책에서 여러 페이지에 걸쳐 시어도어 루스벨트 대통령의 사례를 소개한다. 다음은 그중 우리가 궁금해하는 대화의 기술에 관한 부분이다.

> 시어도어 루스벨트 대통령을 방문한 사람이라면 누구나 그의 해박하고 다양한 지식에 놀라게 된다. 그의 방문객이 목동이든 의용기병 대원이든 뉴욕의 정치가든 외교관이든 루스벨트는 풍부한 화제를 가지고 있었다. 어떻게 그렇게 박식할 수 있었을까? 그것은 간단했다. 그는 방문객이 찾아올 때마다 그 전날 밤늦게까지 그들이 특별히 관심을 두는 문제에 대해 독서를 했던 것이다. 왜냐하면 루스벨트 대통령은 모든 지도자가 알고 있는 바와 같이, 한 인간의 마음을 사로잡는 지름길은 그 사람이 가장 흥미를 느끼는 일에 관해 이야기하는 것임을 잘 알고 있었기 때문이다.

카네기는 루스벨트 대통령의 사례를 통해 대화의 기술을 이야기한다. 방문객들이 찾아올 때마다 그 사람이 관심 있어 하는 주제를 알아내고, 그것과 관련된 책을 한 권씩 읽는 것이 루스벨트 대통령의 대화 비결이었다. 리더에게 중요한 능력은 바로 사람의 마음을 얻는 것이다. 그 시작은 상대방의 관심사를 주제로 대화를 나누는 것이라는 사실을 루스벨트 대통령은 너무나 잘 알고 있었다. 이것은 비단 루스벨트 대통령 같은 위대한 지도자만이 할 수 있는 일이 아니다. 이제 다른 사례를 통해 평범하지만 지혜로운 한 사람의 이야기를 살펴보자.

수필가이자 예일대학 문학과 교수인 윌리엄 라이언 펠프스는 이런 교훈을 인생의 초기에 배웠다. 그는 《인간의 본성Human Nature》이라는 수필에서 이렇게 말했다.
"여덟 살 되던 해에 나는 스트래트퍼드에 사는 리비 린즐리 숙모님 댁을 방문해 주말을 보냈습니다. 어느 날 저녁, 한 중년 신사가 숙모님 댁을 방문하여 이야기를 나누다가 나에게 관심을 보였습니다. 그 당시 나는 보트에 관심이 많았는데 그 신사는 아주 흥미로운 태도로 보트에 관해 이야기하기 시작했습니다. 그 손님이 돌아간 뒤 나는 그 사람에게 굉장한 호감이 생겼다고 숙모님에게 말했습니다. '그렇게 재미있는 사람이 세상에 또 있을까요?' 숙모님은 그 손님이 뉴욕의 변호사라고 알려주면서, 보트에는 전혀 관심도 없는 사람이라고 말했습니다. '그러면 그분은 왜 내내 보트에 관해서만 이야기했을까요?'라고 내가 묻자, '그분이 좋은 분이기 때문이란다. 그분은 네가 보트에 관심이 있다는 것을 알고 너에게 흥미를 불러일으키고 기쁘게 해주기 위해 그것에 관해 말한 거야. 그분은 너의 눈높이를 맞춰준 거지.' 그리고 윌리엄 라이언 펠프스 교수는 '숙모님의 그 말씀을 결코 잊을 수 없었다'라고 덧붙였습니다."

인간이 자기중심적이라는 사실은 갈등과 냉소의 씨앗이 될 수도 있지만, 인간관계의 원리를 아는 사람들에게는 일종의 기회처럼 작용한다. 상대방의 관심사에 초점을 맞추기만 한다면 그 사람과 어떤 대화를 나누어야 할지, 어떻게 하면 그 사람이 나를 좋아하게 될지 모두 알려주기 때문이다. 우리는 그저 그 사람이 무엇에 관심 있는지를 물어보고 그 이야기를 들어주면 된다. 필요하다면 루스벨트처럼 그의 관심사를 내가 공부해볼 수도 있다. 물론 이를 위해 약간의 노력은 필요하겠지만, 적어도 시험 문제를 알려주고 답을 찾는 테스트라면 해볼 만하지 않은가? 만약 그 사람과 가까워지고 싶다면 말이다.

자신의 관심사만 늘어놓는 사람은 당연히 매력이 없다. 그렇다면 매력적인 사람이 되기 위한 길은 분명하다. 상대방의 관심사를 대화의 주제로 삼는 것이 가장 좋은 방법이다. 이름, 어린 시절을 보낸 곳 등 기본적인 것부터 상대방의 가족, 반려동물, 일, 취미, 더 나아가 최근의 좋은 일과 어려운 일, 중요하게 여기는 것 등 그 사람 자체에 관심을 가진다면 우리가 나누어야 할 이야기는 무궁무진하다.

'상대방의 관심사에 맞춰 이야기하라' 원칙의 실천 팁

이제 우리는 누구를 만나도 어떤 대화를 나눌지 걱정할 필요가 없다. 원리는 간단하다. 우리가 가지고 있는 질문의 방향을 바꾸는 것이다. '저 사람을 만나서 무슨 이야기를 할까?'가 아니라 '저 사람은 어떤 이야기를 하고 싶어 할까?'로 방향을 전환할 수 있다면 그때부터 대화는 술술 풀릴 것이다. 무슨 말을 할지 고민하지 말고, 어떤 이야기를 들어볼지 호기심을 가져라. 상대방이 어떤 것에 관심을 두고 있는지 궁금증을 품어라. 인간의 자기중심성을 인정하되, 우리가 타인 중심의 유연한 태도를 보인다면 서로 간에 공감대가 형성될 수밖에 없다.

마음속으로 다음과 같이 질문해보라. 상대방은 어떤 사람일까? 이 사람은 무엇에 관심이 있을까? 왜 그것을 좋아할까? 이러한 관점으로 대화를 나눈다면 신기한 결과를 얻을 수 있다. 바로 상대방이 자신의 관심사에 대해 신나게 이야기하는 동안, 듣고만 있던 당신이 대화의 달인이 되는 것이다. "내가 원하는 것은 언제 말할 수 있을까?" 하고 조급해하지 마라. 일단 상대에게 '호감'이라는 매력 자본을 쌓으면, 그 후에는 내가 원하는 것을 얻을 기회가 훨씬 더 쉽게 찾아온다. 반대로 내가 원하는 것을 먼저 내세우는 사람은 아무리 열심히 그것을 말해도 큰 효과를 얻지 못한다.

상대는 어차피 듣지 않을 것이고, 그런 사람에게 내가 원하는 것을 계속 이야기한들 반감만 커진다.

관계에서 '관심'이라는 에너지는 본질적으로 내향적이다. 물론 누군가는 다른 사람이 어떤 액세서리를 갖고 있는지, 어디로 여행을 다녀왔는지에 큰 관심을 두기도 한다. 그러나 이러한 관심조차도 실상은 비교의식에서 출발하므로 이것 역시 나에 대한 관심이라고 볼 수 있다. 이 관심의 에너지를 상대에게로 돌리는 것이 인간관계에서 핵심 열쇠다. "사람들에게 어떻게 하면 잘 보일까?"라는 질문을 내려놓고 "상대방의 좋은 점은 무엇일까? 그 사람이 원하는 것은 무엇일까?"에 집중하라. 당신이라면 내가 가장 중요하게 여기는 것에 관심을 보이는 사람과 대화하고 싶은가, 아니면 자신의 관심사만 늘어놓는 사람과 시간을 보내고 싶은가? 내가 좋아하는 것에 진심으로 흥미를 보이는 사람은 자연스럽게 내 마음에 들어온다.

우호적이고 단단한 사람은 매력적이다. 우호적이지만 여린 사람은 남에게 의지한다. 단단하지만 우호적이지 않은 사람은 차갑다. 하지만 우호적이고 단단한 사람은 다른 사람의 관심사에 집중함으로써 오히려 사람들이 자신을 따르도록 만든다. 카네기의 원칙을 실천하는 것은 우리를 우호적이고 단단한 사람이 되도록 만든다.

역설처럼 들리겠지만, 이제 친구를 만들기 위한 노력을 멈추

자. 대신 내가 좋은 친구가 되어주면 된다. 관심을 받기 위한 행동 대신 상대에게 관심을 기울이는 것이다. 내 관심사에 동조해주기를 바라지 말고 그 사람의 관심사에 흥미를 보이면 된다. 물론 말이 쉽지, 실행은 어려울 수 있다. 그러나 이것이 가장 빠르고 효과적인 방법이다. 조금만 실천해보면, 어느새 내가 좋은 평판을 얻고 대화하고 싶은 사람이 되어 있을 것이다. 존경받는 팀장이 되고 싶다면 직원들을 존중하라. 그들이 얼마나 수고하는지 좀 더 세심하게 관찰하고, 그 노력의 가치를 이야기하라. 직원이 어떤 경력을 펼치고 싶어 하는지, 어떤 성취를 자랑스러워하는지 잘 들어주는 팀장을 싫어할 사람이 있겠는가? 상사의 마음을 얻고 싶다면 상사가 관심 있는 이야기를 하라. 리더가 원하는 방식이나 결과가 무엇인지 물어보고 이에 관해 이야기하는 팀원을 싫어할 상사는 없다.

바깥으로 향한 관심의 에너지는 반드시 상대에 의해 결국 나에게로 다시 돌아온다는 사실을 믿어라.

다시 새겨봅시다

"우호적이고 단단한 사람은 매력적이다. 우호적이지만 여린 사람은 남에게 의지한다. 단단하지만 우호적이지 않은 사람은 차갑다. 하지만 우호적이고 단단한 사람은 다른 사람의 관심사에 집중함으로써 오히려 사람들이 자신을 따르도록 만든다. 카네기의 원칙을 실천하는 것은 우리를 우호적이고 단단한 사람이 되도록 만든다."

· 원칙 ·
09

내 편으로 두고 싶다면

상대방에게 자신이 중요하다는 느낌이 들게 하라. 단, 성실한 태도로 해야 한다

Make the other person feel important and do it sincerely.

◆

스포츠 선수가 중요한 경기를 앞두고 출전에서 제외되었다고 해보자. 경기 시간에 쉴 수 있다고 기뻐할까? 반대로, 평소에는 대체 선수로만 뛰던 선수가 중요한 경기에 "당신의 역할을 기대한다"라며 감독의 지시로 풀타임 출전을 하게 되면, 근무 시간이 늘어난다고 불평할까? 아마도 심장이 터지도록 열심히 뛰고, 경기에 이기기까지 한다면 평생 잊을 수 없는 하루를 맞이할 것이다. 이 감독이 선수에게 준 것이 무엇인지 생각해보라. 단순한 작전 지시나 단 한 번의 경기 출전 기회가 아니다. 그것은 바로 인간이 가장 바라는 자신이 '중요한 존재'라는 인식이다.

'상대방에게 자신이 중요하다는 느낌이 들게 하라' 원칙의 본래 뜻

일에서 만족과 불만족을 가르는 것은 바로 '내가 중요한 존재라는 느낌'을 얻었는가, 아닌가에 있다. 번아웃 증후군Burnout Syndrome은 단지 일을 많이 해서가 아니라 효능과 보람을 느낄 수 없는 일에 자신이 소모된다고 느낄 때 온다. 강풀 작가의 웹툰을 원작으로 한 드라마 〈무빙〉에 이런 장면이 있었다. 현장에서는 입지전적 성과를 보였지만 상황이 바뀌어 사무 업무에는 적응하지 못하며 우울한 나날을 보내는 남자 주인공에게 여자 친구가 일이 힘드냐고 묻는다.

남자는 대답한다. "힘들지 않아서 그게 힘들어."

여자가 다시 묻는다. "현장이 그리워?"

남자는 울면서 "세상에서 아무 쓸모가 없어진 기분이야"라고 답한다. 그때 여자 주인공이 잊을 수 없는 명대사를 남긴다.

"넌 나의 쓸모야, 난 너의 쓸모고."

인간이 왜 소모되고 의욕을 잃는지, 무엇을 필요로 하고 언제 살아 있음을 느끼며, 또 어떤 사람을 진정으로 좋아하게 되는지 이보다 더 잘 표현한 장면이 있을까? "넌 나에게 정말 중요한 존재야." 우리는 이 말을 해주는 사람을 원한다. 데일 카네기 역시 책에서 이 점을 언급한다. 카네기의 다음 문장을 보자.

사람은 주위 사람들로부터 칭찬받고자 하며 자신의 진정한 가치를 인정받기를 원한다. 자기 자신의 조그마한 세계에서 중요한 존재이고자 한다. 사람들은 경박한 아첨은 듣고 싶지 않지만, 진심에서 우러나오는 칭찬은 열망한다. 사람들은 친구나 동료들이 찰스 슈왑Charles Schwab의 말처럼 '진심으로 동의해주고 칭찬하는 데 인색하지 않기'를 바란다. 우리 모두 그것을 원한다.

그리고 다음과 같은 인간관계 원칙을 강조한다.

인간의 행동에는 대단히 중요한 원칙이 한 가지 있다. 이 원칙을 따르면 인간관계에 관한 거의 모든 문제를 피할 수 있다. 실제로 이 원칙을 지키기만 하면 많은 친구를 얻을 수 있고 행복을 오랫동안 누릴 수 있다. 그러나 이 원칙을 어기는 순간, 우리는 끝없는 문제에 빠지게 된다. 이 원칙은 다음과 같다. "항상 다른 사람에게 자신이 중요하다는 느낌이 들게 하라."

《데일 카네기 인간관계론》은 언뜻 보면 남들에게 칭찬이나 듣기 좋은 말을 하라는 이야기를 반복하는 것처럼 보이지만, 이 장의 원칙인 '중요하다는 느낌이 들게 하라'에는 이례적으로 단서가 달려 있다. '단 성실한 태도로 해야 한다Do it sincerely' 여기서 말하는 성실함은 '부지런함'보다는 '진정성, 신실함'에 가깝다. 이러한 태도는 모든 사람이 자신의 세계에서 중요한 존재라는 전제를 받아들일 때 비로소 가능하다. 카네기가 말한 것처럼 경박한 아첨이 아니라 그 사람의 '쓸모'를 진심으로 인정하는 것이 중요하다.

현대 문명 국가에서 신분제를 택하는 나라는 거의 없다. 하지만 우리는 사회적 지위와 경제력, 학력, 외모 등 눈에 보이는 기준으로 끊임없이 다른 사람의 가치를 평가하고 비교하는 세상 속에서 살아가고 있다. 대기업 직원들은 자신이 커다란 기계 속 하나의 부속품이자 언제든 대체될 수 있는 부품이라고 자조한다. 중소기업 직원들은 부족한 처우와 열악한 환경 때문에 자신 있게 명함을 내밀지 못한다. 학생들은 성적에 따라, 사업가들은 운영하는 기업의 규모에 따라 존재 가치를 평가받는다. 각자의 환경 속에서 누구나 얄팍한 우월감과 열등감에 시달리는 모습을 어렵지 않게 목격할 수 있다. 정작 중요한 나 자신의 고유한 가치와 아름다움은 잊은 채, 남이 정한 잣대에 닻추어 살아가며 스스로를 소모시키곤 한다.

내 앞에 선 사람이 누구든 그 사람만의 고유한 존재 가치를 발견하고 말해주는 사람은, 소유와 지위로 사람을 평가하는 시대의 흐름을 거스르는 용기와 지혜를 가진 자이다. 사람들은 업무 성과에서는 차이가 있을 수 있지만, 존재 자체에는 우열이 없다. 중요한 것은 그 사람의 가치를 제대로 볼 줄 아는 안목을 갖는 것이다.

'상대방에게 자신이 중요하다는 느낌이 들게 하라' 원칙의 실천 팁

데일카네기코스 참가자 데이비드 G. 스미스의 발표를 살펴보자.

"음악회 날 저녁에 공원에 갔더니, 판매대 옆에 나이 든 부인 둘이 서 있었는데 기분이 별로 좋지 않은 것 같았습니다. 분명히 두 사람은 각자 그곳의 책임을 맡으리라 생각했던 것이었습니다. 어떻게 해야 할까 망설이고 있는데, 주최 측 간부 한 분이 나타나 제게 금고를 주면서 오늘 밤 일을 맡아줘서 고맙다고 말했습니다. 그는 로즈와 제인을 저의 조수라고 소개한 뒤 돌아가 버렸습니다. 무거운 침묵이 흘렀습니다. 그 금고가 책임자를 상징하는 것임을 깨달은 저는 그것을 로즈에게 맡기면서, 저는 돈 계산에 서툴러 실수할지도 모르니 금고를 맡아주면 도움이 되겠다고 말했습니다. 그리고 제인에게는 소다수 제조기를 맡은 10대 소녀 두 명에게 작동법을 가르치도록 부탁했고, 그녀에게 그쪽을 전적으로 맡아달라고 부탁했습니다. 그래서 그날 저녁은 무척 즐겁게 지나갔습니다. 로즈는 신이 나서 돈 계산을 했고, 제인은 소녀들을 감독했으며, 저는 느긋하게 음악회를 즐겼습니다."

이 이야기에는 상대방을 중요한 존재로 대하라는 원칙이 그대로 적용되었다. 행사 주최자는 로즈와 제인에게 단순히 '조수'라는 직책만 부여했을 뿐, 그들이 맡게 될 일의 중요성은 따로 언급하지 않았다. 로즈와 제인의 얼굴이 어두워진 것은 당연했다. 하지만 발표자인 스미스는 그들을 스낵 코너의 책임자로 대우했다. 금고 담당 업무의 가치를 발견하고 이에 대해 정중하게 감사를 표하며 도움을 구한 것이다. 이것이 오늘날 조직에서 필요한 진정한 위임의 모습이다. 직무 가치에 대한 발견, 그 일을 하는 사람에 대한 감사, 책임과 권한 부여, 그리고 전적인 신뢰를 보여주는 것. 그저 일을 떠넘기는 사람과 제대로 위임하는 사람 중에서 당신이라면 어떤 상사를 더 좋아하겠는가? 그리고 누구와 일할 때 더 열의를 느끼겠는가? 대답은 듣지 않아도 뻔하다.

사업가 이스트만에게 의자 납품 계약을 원하는 영업 담당자 아담슨의 이야기도 소개된다. 미팅 전에 건축 담당자는 아담슨에게 "당신은 어차피 이스트만 씨에게 영업하러 온 것이니 바쁜 이스트만의 시간을 5분 이상 뺏지 말고 용건만 간단히 하라"고 조언한다. 아담슨은 이스트만의 사무실 벽 소재인 영국산 떡갈나무 이야기를 꺼내며 미팅을 시작한다. 그것에 자부심을 느끼고 있던 이스트만은 목재에 대한 사연으로 시작해 자신의 이야기를 들려준다.

이스트만은 조용하고 부드러운 목소리로 자신이 추진하고 있는 사회사업을 위한 갖가지 시설들, 로체스터대학, 종합병원, 아동병원, 양로원 등에 대해 설명하기 시작했다. 아담슨은 인간의 고통을 덜어주기 위해 큰돈을 쓰고 있는 이스트만의 이상주의적 태도에 진심으로 경의를 표했다.

5분만 할 예정이었던 미팅은 2시간 넘게 이어졌다. 그 시간 동안 이스트만은 자신의 불우했던 어린 시절부터 홀어머니에 대한 이야기까지, 시간 가는 줄 모르고 자신의 삶을 털어놓았다. 아담슨은 '이스트만'이라는 사람 자체의 이야기에 귀를 기울였다. 이후 계약은 성사되었고, 두 사람은 평생의 친구가 되었다고 한다. 이스트만은 성공한 사업가였다. 그의 주변에는 아마도 그로부터 사업 수주나 돈벌이를 원하는 아첨꾼들로 가득했을 것이다. 하지만 자신이 사람들을 위해 얼마나 좋은 소재를 쓰는지, 사업의 가치관과 그의 이상주의적 태도에 주목하는 사람은 드물었을지 모른다.

오늘날 아르바이트생에 해당하는 행사장 금고 담당 로즈와 제인이든, 대기업 회장인 이스트만이든 그들에게 공통적으로 존재한 욕구는 무엇이었을까? 우리는 자신을 단순한 수단이 아니라 목적 그 자체로 존중해주는 사람을 원한다. 내가 그들을 중요한 존재로 대하면, 그들도 나를 중요한 존재로 여기게 된다.

다시 새겨봅시다

"내 앞에 선 사람이 누구든 그 사람만의 고유한 존재 가치를 발견하고 말해주는 사람은, 소유와 지위로 사람을 평가하는 시대의 흐름을 거스르는 용기와 지혜를 가진 자이다. 사람들은 업무 성과에서는 차이가 있을 수 있지만, 존재 자체에는 우열이 없다. 중요한 것은 그 사람의 가치를 제대로 볼 줄 아는 안목을 갖는 것이다."

Carnegie
Master
Edition

Part 3

설득, 협력, 협상을 위한 12가지 방법

Dale Carnegie

· 원칙 ·
10

의견이 맞지 않는다면

논쟁에서 최선의 결과를 얻는 유일한 방법은 그것을 피하는 것이다

The only way to get the best of an argument is to avoid it.

◆

대부분의 경우, 의견이 다른 사람은 우리에게 불편함을 준다. 때로는 논쟁으로 이어져 감정이 상하기도 한다. 그래서 우리는 본능적으로 나와 생각이 비슷한 사람과 어울리려 하고, 다르게 느껴지면 거리를 두려고 한다. 하지만 관점을 바꿔보면, 나와 의견이 다른 사람들이 오히려 나의 가치를 높여줄 수 있다.
물론 여기에는 중요한 전제가 있다. 불필요하고 소모적인 논쟁으로 시간을 낭비하지 않는 것이다. 상대를 꺾으려는 집착이 아니라, 차이를 인정하면서도 나의 의견을 지켜내는 태도가 필요하다. 그렇게만 한다면 의견 불일치는 나를 더욱 돋보이게 하는 자원이 될 수 있다. 데일 카네기는 다음과 같이 말한다.

"의견이 서로 다르다는 사실을 기꺼이 환영하라. 두 사람의 의견이 항상 일치한다면 둘 중 하나는 불필요한 인물이다."

'논쟁을 피하라'
원칙의 본래 뜻

데일 카네기는 한 저녁 식사 자리에서 있었던 일화를 소개한다. 손님으로 온 입담 좋은 사람이 "성경에 이런 말이 있다"라고 하자 카네기는 그것이 성경이 아니라 셰익스피어의 작품에 적힌 말이라고 정정했다. 처음에는 점잖게 대화를 나누었지만 점차 그 말의 출처가 성경이냐 셰익스피어냐를 두고 두 사람 간에 긴장감이 흐르며 언성이 높아지기 직전까지 갔다.

카네기는 그 말의 출처를 정확히 알고 있었고 자존심도 강했기에 말싸움에서 지고 싶지 않았다. 하지만 함께 있던 카네기의 친구 로스 경이 그건 아무래도 성경에서 나온 말이 맞는 것 같다고 손님 편을 들어주면서 대화는 조용히 마무리되었다. 카네기는 내심 억울한 마음에 나중에 로스 경에게 물어보았다.

"자네는 그 말이 셰익스피어의 것인 줄 알고 있지 않았나?"

로스 경은 "잘 알지. 〈햄릿〉 5막에 나오는 말이지"라고 답했다. 이어서 로스 경이 카네기에게 되물었다.

"그 사람은 자네 의견을 들을 생각도 없는데 성경인지 셰익스피어인지 논쟁해서 결국 무엇을 얻고 싶었던 건가?"

카네기는 이 경험에서 평생 잊지 못할 교훈을 얻었다고 회고한다. 만약 그 상황에서 셰익스피어의 말이 맞다고 증명했다면 카네기는 무엇을 얻을 수 있었을까? 말하기 좋아하는 손님이 카네기를 존경하게 되었을까, 아니면 체면을 구긴 손님이 카네기와 협력하고 싶은 마음이 생겼을까? 곰곰이 생각한 카네기는 이렇게 말한다.

"논쟁을 피하라. 자기 의사와 반대로 설득당한 사람은 그래도 자기 의견을 굳게 지킨다. 논쟁에서 지면 지는 것이고, 이겨도 지는 것이다."

논쟁을 피하라는 원칙을 오해해서는 안 된다. 이는 상대방과 다른 내 의견을 무조건 말하지 말라는 의미가 아니다. 흔히 토론으로 번역되는 'debate'와 'discussion'의 차이를 보자. debate는 보통 찬반 토론으로, 목적은 상대 설득이 아니라 날카로운 논리로 압도해 청중의 지지를 얻는 데 가깝다. 반면 discussion은 방안을 함께 논의하는 과정이다. 회사의 팀 미팅, 협력사와의 가격 협상, 친구들과의 여행 계획 등은 모두 discussion이다. 이때는 서로 다른 의견을 적극적으로 내고 합의점을 찾아가야 한다.

카네기가 피하라고 하는 것은 토론debate이나 논의discussion가 아닌 언쟁argument이다. 논리도 이익도 없는 감정적 말싸움을 피하라는 것이다. 《데일 카네기 인간관계론》에서 이 원칙은 '협력을 창출하는 12가지 방법' 중 하나로 소개된다. 즉, 협력을 얻고 싶다면 논의 중에 결코 언쟁으로 빠지지 말아야 한다는 뜻이다.

우리가 배워야 할 점은 다양한 논의를 생산적으로 주고받는 대화의 기술이다. 고집을 부리며 자신의 의견을 맹목적으로 강요하는 것은 결코 도움이 되지 않는다. 논의가 언쟁으로 흐른다고 느껴지면 일단 대화를 멈추고 잠시 쉬는 것이 좋다. 논리와 아이디어의 경쟁이 자존심과 감정의 대립으로 가기 전에 말이다.

'논쟁을 피하라' 원칙의 실천 팁

데일 카네기는 불필요한 논쟁을 피하는 데 도움이 되는 질문들을 제시했다. 최근 언쟁을 경험했다면 다음을 돌아보자.

> 상대방의 의견에서 부분적으로라도 맞는 부분은 무엇인가?
> 그들의 주장에 진실한 부분이나 이로운 점은 없는가?
> 지금 내 행동이 문제 해결에 도움이 되는가, 아니면 단지 분노의 표출인가?
> 나의 태도는 상대방과의 관계를 가깝게 할 것인가, 멀어지게 할 것인가?
> 어떤 것이 더 좋은 평판을 얻게 하는가?

이기고 지는 문제라면 내가 얻는 것과 잃는 것은 무엇인가?

이 상황은 나에게 어떤 기회가 될 수 있는가?

이 질문들은 매우 실용적이다. 특히 설득과 협력이 필요한 상황에서는 더욱 그렇다. 질문을 던지려면 나와 상대를 모두 존중하는 태도가 필요하다. 나는 상대와 다른 의견을 가지고 있기에 그룹 내에서 나만의 존재 가치를 발휘할 수 있다. 따라서 다른 입장을 존중할 수 있는 사람은 결국 더 큰 영향력을 발휘한다.

인간은 이익에 따라 행동한다. 성숙한 사람은 장기적 이익을, 미숙한 사람은 당장의 자존심을 좇는다. 그래서 미숙한 사람은 논쟁을 참지 못한다. 하지만 순간의 말싸움에서 이겨 무엇을 얻고자 하는가? 잃어버린 시간과 어긋난 관계는 무엇으로 보상받을 것인가? 한 박자 쉬고 감정을 가라앉히며 작은 것은 내어주고 큰 것을 취하는 편이 현명하다. 좋은 평판, 원만한 관계, 학습과 성장까지 모두 얻을 수 있다.

다만, 주의할 점은 2가지다.

첫째, 매사에 소심하게 굴며 의견과 주장이 없는 상태를 '논쟁을 피한다'는 말로 합리화해서는 안 된다. 데일 카네기는 자기주장을 확신 있게 펼치는 연설가이자, 그런 발표와 토론 기법을 훈련시킨 사람이었다. 그는 논쟁을 피하라고 했을 뿐, 논의와 토론을 금한 적은 없다.

둘째, 결국 문제는 감정이다. 내 의견이 무시당하면 존재 자체가 부정당한 듯 느껴질 수 있다. 그러나 상대를 내 감정의 주인으로 만들지는 말자. 내 가치는 상대의 알량한 주장으로 부정될 수 있는 것이 아니다. 상대의 공격적인 말로 상처받을 시간에 나를 기쁘게 하는 것들로 마음을 채우는 쪽이 훨씬 현명한 선택이다. 나와 다른 사람을 만날수록 내 가치는 더 커진다는 사실을 꼭 기억하자. 나와 같은 의견만 있는 자리에서는 새로운 배움을 얻기 어렵다. 그 '다름'을 통해야만 비로소 무언가를 배워갈 수 있다.

다시 새겨봅시다

"상대를 내 감정의 주인으로 만들지는 말자. 내 가치는 상대의 알량한 주장으로 부정될 수 있는 것이 아니다. 상대의 공격적인 말로 상처받을 시간에 나를 기쁘게 하는 것들로 마음을 채우는 쪽이 훨씬 현명한 선택이다. 나와 다른 사람을 만날수록 내 가치는 더 커진다는 사실을 꼭 기억하자."

· 원칙 ·
11

잘못된 주장을 반박하려면

상대방의 견해를 존중하라. 결코 "당신이 틀렸어"라고 말하지 말라

Show respect for the other person's opinions.
Never say, "you're wrong."

코끼리를 냉장고에 넣는 방법에 대한 농담을 들어본 적이 있다.
첫째, 냉장고 문을 연다.
둘째, 코끼리를 넣는다.
셋째, 문을 닫는다.
어처구니없는 농담이긴 한데 여기에도 일말의 지혜는 있다. 어쨌든 냉장고 문을 열지 않고서는 그 안에 무언가를 넣을 수 없다는 것이다. 마음의 문을 닫고 있는 사람에게는 어떠한 말도 들어가지 않는다. 아무리 옳은 말도 상대가 듣지 않으면 소용이 없다. 문제는 그 마음의 문이 단단한 자물쇠로 잠겨 있다는 것인데, 그것의 이름이 바로 자존심이다. 이 자존심의 자물쇠를 풀려면 공감의 손으로 조심히 감싸 쥐고, 존중의 열쇠를 끼워야 한다. '논리'라는 코끼리는 그 다음 문제다.

'상대방의 견해를 존중하라.
결코 "당신이 틀렸어"라고 말하지 말라'
원칙의 본래 뜻

데일 카네기의 책에 있는 다음 설명을 살펴보자.

우리는 표정이나 말투, 눈빛만으로도 다른 사람의 생각이 틀렸다고 말할 수 있다. 언어적·비언어적으로 상대방의 말이 틀렸다는 뜻이 전달되면 그 사람은 과연 당신에게 동의하겠는가? 천만의 말씀이다. 왜냐하면 당신은 그들의 생각과 판단, 그리고 자존심 모두를 직접적으로 상하게 했기 때문이다. 그러면 상대도 당신에게 반격을 가하고 싶어지게 마련이다. 이렇게 되면 상대는 생각을 바꾸려는 마음이 싹 사라지고 만다. 칸트나 플라톤의 논리를 모두 동원해 설명해도 상대방의 의견은 변하지 않는다. 이미 그들은 감정이 상했기 때문이다. "내가 당신에게 내 말이 맞다는 것을 증명해 보이겠소"라는 언어로 시작하면 절대로 안 된다. 이것은 수준 낮은 설득 기법이다. 이것은 마치 "내가 당신보다 더 똑똑하니 내 이야기를 좀 들어보고 당신 마음을 바꾸시오" 하고 말하는 것과 같다. 그것은 일종의 도전이다. 상대방에게 반감만 불러일으켜, 듣는 사람으로 하여금 당신이 말도 꺼내기 전에 싸우고 싶게 만드는 것이다.

생각이 다른 사람과 나누는 대화는 일종의 맞대결과 같다. 그 속에서 결론을 내리려 한다는 것은 결국 승패를 가르겠다는 의미와 다르지 않다. 우리는 본능적으로 이것을 직감한다. 내가 어떤 주제를 설명하고 있는데, 상대가 '그건 아니고' 하면서 말을 끊거나, 동의하지 못하겠다는 눈빛으로 얼굴을 찡그리고 있다고 해보자. 상대가 내 말에 반대하면 나도 모르는 사이에 일종의 긴장감이 흐른다. 그러면 어떻게 되는가? 주장을 반복하거나, 논거를 더 끌어오거나, 혹은 그냥 멍해지기도 한다. 어쨌든 상대의 말을 받아들일 여유는 사라진다. 상대방도 마찬가지다. 내가 반대 주장을 펼치는 순간 상대는 자신의 논리를 강화할 준비에 들어갈 것이다. 은연중에 지고 싶지 않다는 생각을 갖는다. 설사 논리적으로 완벽히 상대를 제압했다고 해도 과연 그가 자신의 틀린 생각을 바로잡아주었다며 고마워할까? 그 정도의 합리성과 성숙함을 갖춘 사람이라면 애초에 내 생각에 반대하지도 않았을 것이다. 대개의 사람에게는 자존심이 꺾이는 것보다 기존의 생각을 그대로 지키는 편이 훨씬 더 심리적으로 안전하다.

유능한 영업 담당자를 떠올려보자. 그들이 까다로운 협상을 끝낸 후 계약서에 고객의 사인을 받을 때 잊지 않고 하는 말이 있다.

"탁월한 선택이십니다."

이것은 고객의 생각이 옳다고 칭찬하는 말이다. "고객님, 처음에는 안 사겠다고 하셨는데, 제 말을 듣고 보니 생각이 달라졌죠?

이 물건이 좋다고 한 제 말이 맞고, 싫다고 했던 당신은 틀렸죠?" 라고 말하는 영업사원은 없다. 유능한 협상가는 고객이 스스로 이겼다고 느끼게 하는 경험을 선사한다.

상대방에게 '틀렸다'는 신호를 직접 주는 것은 가장 확실하게 적을 만드는 길이라고 데일 카네기는 경고한다. 그렇다면 상대의 저항을 최소화하면서 내 의견을 효과적으로 전달하려면 어떻게 해야 할까?

'상대방의 견해를 존중하라. 결코 "당신이 틀렸어"라고 말하지 말라' 원칙의 실천 팁

데일카네기코스에는 서로 의견이 다른 사람들과 논쟁하지 않고 자신의 의견을 나누는 연습을 하는 독특한 세션이 있다. 이 세션의 영문 제목은 'Disagree Agreeably'인데, 의미를 풀이하면 '상대방이 이해할 수 있도록 세련되게 반대하기' 정도라 할 수 있다. 상대방이 나와 다른 주장을 펼칠 때 우리의 주된 첫 반응은 "아니, 그게 아니고요…" 하는 말이 대부분이다. 아마 회사에서 회의 시간에 주고받는 말들을 녹취해보면 '그런데', '근데', '그러나', '하지만', '아니'라는 말들이 꽤 많이 등장할 것이다.

이 Disagree Agreeably 세션에서는 일단 이 부정적인 접속사, '근데', '그게 아니라', '그러나' 등을 쓰지 않고 찬반 토론 연습을 한다. 이 단어를 쓰는 사람은 경고를 받는데, 참가자들은 자신도 모르는 사이에 이 단어들을 남발하고는 머쓱한 웃음을 지을 때가 흔하다. 만약 상대가 내 의견에 대해 "그럴 수도 있죠, 그런데…"라고 말을 시작한다고 상상해보라. 상대의 말을 듣지 않아도 내 말에 동의하지 않으리란 것이 예상되지 않는가? 그러면 우리는 상대의 말을 경청하기보다는 이미 내 주장을 강화하느라 머릿속이 복잡해진다.

상대방의 말에 동의하지 않으면서도 부드럽게 내 말을 전달하려면 우선 존중과 공감의 말로 시작하되 부정적인 말로 연결하지 않도록 주의해야 한다. "일리가 있는 말입니다", "좋은 의견입니다" 같은 공감을 표현하는 말로 시작한다. 이를 '쿠션 언어'라고 한다. 여기서 공감과 동의는 엄연히 다르다. 당신의 말이 맞다는 것은 동의이지만, 그렇게 생각할 수 있다는 것은 공감과 존중이다. 쿠션은 동의나 부동의가 아니라 존중과 공감의 표현이다. 이때 '다만', '그런데' 등의 부정적인 말을 쓰지 않는 것이 중요하다. 대신 "잘 들었습니다. 그리고 이런 면도 생각해보면…", "좋은 지적이네요. 그래서 이 부분을 좀 보시면…", "일리가 있습니다. 게다가 제 생각에는…" 같은 더하기의 말을 써보라. 반대의 말이 아니라 더하기의 말을 하면서 내가 말하고자 하는 바의 근거나 사례를 자연스럽게 덧붙인다. 이와 달리 '그런데'나 '그게 아니라' 같은 반대의 표현을 쓰면, 자연스럽게 내 주장이나 결론을 먼저 내세우게 되어 쉽게 충돌이 생긴다. 하지만 부드럽게 쿠션 언어를 쓰면서 '그리고', '게다가', '이런 측면에서 보자면'처럼 더하기의 말을 이어 붙이면 내 주장의 사례나 근거로 부드럽게 이어갈 수 있다.

Case 1

A: 제 생각에 이 안은 비용이 너무 많이 들어요.
B: 아니, 생각보다 비용이 많이 들지 않습니다. 왜냐하면….

Case 2

A: 제 생각에 이 안은 비용이 너무 많이 들어요.
B: 그렇게 염려하실 수 있죠. 그래서 이 비용 대비 수익률을 보시면….

반대의 말과 더하기의 말의 차이는 분명하다. 두 경우, 상대가 누구의 말을 더 들어보고 싶을지 바로 알 수 있다. 이것은 단순히 말하기 기술의 문제가 아니다. 상대를 존중하고 반대 의견 속에서도 배울 점을 찾는 태도의 문제다. 이런 태도가 있을 때 비로소 더 나은 해결책을 함께 만들어가는 협력적 관계가 형성된다.

대부분 인간은 생각보다 성숙하지 않다. 존중받고 싶고, 옳다는 말을 듣고 싶고, 자존심 상하는 것이 두렵다. 그런데 한편으로는 이것이 얼마나 좋은 기회인가? 진심으로 존중하고 공감하면, 상대는 만족감을 느끼며 내 말을 들으려고 준비할 것이다. 그러나 이것을 거짓이나 위선으로 활용해서는 안 된다. 인간관계 스킬은 진심 어린 태도를 바탕으로 해야 효력이 있다. 내 말이 전혀 통하지 않는 벽 같은 사람을 만나면 이렇게 생각해보자. 그 안에 갇혀 있는 당사자는 얼마나 답답할까? 그 좁은 생각의 세상에서 문을 걸어 잠그고 밖으로 나오지 못하는 그 사람은 얼마나 측은한가? 그리고 공감과 존중의 열쇠로 단단한 자존심의 자물쇠를 열어보라. 최선을 다하되 그럼에도 열리지 않으면 어쩔 수 없다. 문밖에 있는 나에게는 넓은 세상이 펼쳐져 있다. 아무리 해도 열리지 않는 문에 매달려 있지 말고 주변을 둘러보라. 내 말을 듣기 위해 문을 열고 기다리는 사람도 보일 것이다.

다시 새겨봅시다

"대부분 인간은 생각보다 성숙하지 않다. 존중받고 싶고, 옳다는 말을 듣고 싶고, 자존심 상하는 것이 두렵다. 그런데 한편으로는 이것이 얼마나 좋은 기회인가? 진심으로 존중하고 공감하면, 상대는 만족감을 느끼며 내 말을 들으려고 준비할 것이다. 그러나 이것을 거짓이나 위선으로 활용해서는 안 된다. 인간관계 스킬은 진심 어린 태도를 바탕으로 해야 효력이 있다."

· 원칙 ·
12

최악을 피하려면

잘못했으면 즉시 분명한 태도로 그것을 인정하라

If you are wrong, admit it quickly and emphatically.

◆

인생에서 늘 최선을 선택할 수만은 없다. 우리는 실수를 한다. 잘못을 저지르기도 한다. 그래서 최선이 아닐 때는 최악을 피하는 것이 중요하다. 인간관계도 마찬가지다. 의도치 않게 누군가에게 상처를 주거나, 거짓말이 들통나거나, 내가 확신 있게 한 말이 나중에 틀린 것으로 드러나거나 하는 일들이 충분히 있을 수 있다. 이런 일이 벌어졌다면 이미 최선은 아니다. 그렇다면 이 상황에서 최악은 무엇일까? 바로 변명하거나 애매하게 사과하며 넘어가는 것이다. "이것은 제 잘못입니다" 하고 짧고 분명하게 말하면 끝날 일을 끝까지 변명으로 일관하다가 인심도 존경도 신뢰도 결국 다 잃고 만다. 그런데도 많은 사람이 그 길을 간다. 바로 두려움 때문이다. 무시당할까 봐, 뒤에서 험담할까 봐, 앞으로도 나를 믿지 않을까 봐, 실력이 없었다는 것이 들통날까 봐, 이러한 걱정과 두려움으로 결국 변명을 늘어놓는다.

'잘못했으면 즉시 분명한 태도로 그것을 인정하라' 원칙의 본래 뜻

자신에게는 보이지 않지만 남들에게는 보이는 영역을 '블라인드 스폿Blindspot'이라고 한다. 내가 모르는 내 모습, 혹은 숨겼다고 생각했지만 남들이 모두 아는 것들—마치 벌거벗은 임금님이 스스로 훌륭한 옷을 입었다고 착각하는 상황이 바로 블라인드 스폿이다. 등잔 밑이 어둡다는 말처럼 나는 잘하고 있다고 생각하지만 남들은 그렇게 여기지 않는 영역이 생각보다 많다.

데일 카네기가 설립한 리더십 교육 기관인 데일카네기트레이닝은 2018년 전 세계 14개국의 3,300여 명 직장인을 대상으로 리더십 블라인드 스폿을 주제로 설문 조사를 실시해, 직원들의 동기부여에 가장 도움이 되는 리더의 말과 행동 6가지를 도출해냈다. 의견을 존중하는 것, 구체적인 칭찬의 말, 진심 어린 경청 등 우리가 예상할 수 있는 말과 행동들이 높은 순위에 포함되었다. 이 6가지 행동 중 리더들이 가장 잘 실천하지 않는 항목은 바로 '잘못 인정하기'였다. 중요도에 비해 실천으로 옮기는 빈도가 가장 낮아, 그 격차가 41%로 가장 크게 드러났다.

리더일수록 자신의 잘못을 인정하는 것을 두려워하는 경향이 있는 것 같다. 부하 직원들이 자신을 무시할지 모른다는 두려움 때문일까? "이 부분은 내가 잘못 생각했네" 하고 솔직하게 잘

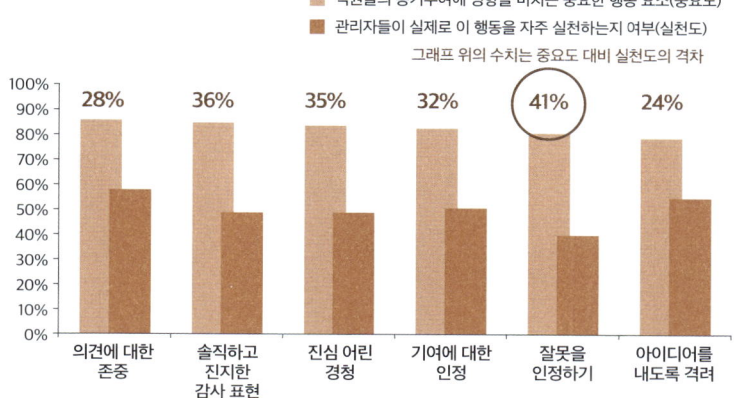

출처: 데일 카네기 & 어소시에이트, 비즈니스 브리핑, '리더십 블라인드 스폿', 2018

못을 인정하는 팀장이나 임원을 만나기가 여간 어려운 일이 아니다. 업무 지시를 모호하게 하고, "내가 말한 건 그게 아니잖아요" 하면서 말을 바꾸는 상사를 한 번쯤 만나본 적이 있을 것이다.

실수했다면, 인정하면 그만이다. 그러나 여전히 "잘못을 인정하면 모든 책임을 떠안게 된다"는 속설을 믿는 사람들이 많다. 만약 그것이 진심으로 옳다고 생각한다면 어쩔 수 없다. 특정 상황에서 체면을 잃더라도 책임을 지고 싶지 않을 수 있기 때문이다. 하지만 한 가지는 명심해야 한다. 잘못을 인정하지 않으려 한다면, 상대방과의 신뢰 관계는 포기해야 한다. 좋은 인간관계를 만들고 신뢰받는 사람으로 남는 것과, 자기 잘못을 변명하는 것은 결코 함께 갈 수 없다.

또 하나 놓치지 말아야 할 중요한 사실이 있다. 리더가 잘못을 인정하면 그것이 직원들의 동기부여에 도움이 된다는 점이다. 솔직하게 자신의 잘못을 인정하는 행동은 단순히 올바른 선택에 그치지 않는다. 그것은 직원들의 신뢰와 존경을 얻는 데 중요한 열쇠가 된다. 잘못을 인정하면 무시당할까 봐 변명을 늘어놓는 사람의 예상과는 정반대로, 오히려 신뢰와 존경을 얻는 결과를 가져온다.

'잘못했으면 즉시 분명한 태도로 그것을 인정하라' 원칙의 실천 팁

데일 카네기는 책에서 홍콩에서 열린 데일카네기코스에 참가한 한 중국인 남성의 사례를 소개한다. 요약하면, 그 중년 남성은 아들과의 관계가 좋지 않았다. 한때 그는 약물 중독에 빠졌고, 지금은 이겨냈지만 그 때문에 멀어진 아들과의 관계는 회복하지 못한 상태였다. 당시 동양 문화에서는, 지금과 그리 다르지 않게, 부모가 먼저 화해를 제안하는 것이 익숙하지 않았다. 떨어져 사는 아들이 먼저 연락하는 것이 오히려 예의로 여겨졌다.

데일카네기코스에는 인간관계 원칙을 다짐하고 실천한 뒤 그 결과를 참가자들과 공유하는 시간이 있다. 당시 홍콩의 데일카네기코스 담당 강사는 다음과 같이 그 장면을 묘사했으며, 이 이야기는 《데일 카네기 인간관계론》에도 실려 있다.

"저는 이 문제를 곰곰이 생각해보았습니다. 데일 카네기는 '잘못했으면 즉시 그리고 분명하게 인정하라'고 말했다고 하죠. 즉시라고 하기엔 너무 늦은 감이 있지만, 대신 분명하게 인정할 수는 있습니다. 저는 아들에게 상처를 주었습니다. 아들이 저를 만나고 싶어 하지 않고 본인의 인생에서 저를 없는 사람으로 여기고 싶어 한 것은 당연합니다. 젊은 사람에게 용서를 구하는 일은 체면이 깎일 수도 있지만, 이것은 제가 잘못한 것입니다. 제 책임이라는 것을 인정합니다."

수강생들은 그에게 박수갈채를 보내며 열렬히 그를 지지했다. 다음 주 세션에서 이 아버지는 아들의 집에 찾아가서 용서를 구한 이야기를 들려주었다. 이후 아들과 며느리 그리고 손자들과 어떻게 새로운 관계를 잘 맺을 수 있었는지도 말이다.

요즘도 데일카네기코스 강사로 활동하다 보면 이런 감동적인 사례를 종종 접한다. 아마 지금도 전 세계 곳곳에서 화해와 용서의 이야기가 코스를 통해 공유되고 있을 것이다. 필요한 건 약간의 용기뿐이다.

그리고 '잘못했으면 즉시, 분명한 태도로 그것을 인정하라'는 원칙 그 자체에 주의를 기울이면 된다. 잘못이 없는데도 저자세로 "제 잘못입니다"를 연발하라는 말이 아니다. '잘못했으면'이라는 전제가 있다. 만약 내 잘못이 아님이 분명하다면 제대로 소명해야 한다. 하지만 잘못이 명백하다면, 이미 최선이 아니기에 최악을 막아야 한다. 사과는 빠를수록, 구체적이고 분명할수록 효과적이다. 그리고 이 원칙을 용기 내어 실천하고 나면 깨닫게 될 것이다. 절벽인 줄 알고 뛰어내렸는데 생각보다 높지 않았다는 사실을 말이다.

다시 새겨봅시다

"잘못이 없는데도 저자세로 "제 잘못입니다"를 연발하라는 말이 아니다. '잘못했으면'이라는 전제가 있다. 만약 내 잘못이 아님이 분명하다면 제대로 소명해야 한다. 하지만 잘못이 명백하다면, 이미 최선이 아니기에 최악을 막아야 한다. 사과는 빠를수록, 구체적이고 분명할수록 효과적이다."

....

....

....

....

....

· 원칙 ·

13

본격적인 협상을 시작하려면

우호적인 태도로
말을 시작하라

Begin in a friendly way.

◆

《데일 카네기 인간관계론》에는 다음과 같은 카네기의 조언이 적혀 있다.

화가 날 때 상대방에게 하고 싶은 말을 퍼붓고 나면 속이 시원할 수 있다. 하지만 상대방은 어떤 상태가 될까? 그 사람도 과연 당신처럼 속이 후련할까? 그러한 거친 음성과 적대적인 태도가 과연 당신의 말을 상대가 수긍하도록 만드는 데 도움이 될까?

우호적인 말은 안 되는 것도 되게 할 때가 있다. 하지만 적대적인 말은 될 일도 안 되게 만드는 경우가 허다하다.

'우호적인 태도로 말을 시작하라' 원칙의 본래 뜻

밥 아이거Robert Allen Iger는 다수의 성공적인 인수합병을 통해 월트 디즈니 컴퍼니의 전성시대를 이끈 유명한 최고경영자다. 그리고 픽사의 최고경영자는 그 유명한 스티브 잡스였다. 픽사의 창의적인 콘텐츠는 디즈니의 거대한 배급망을 통해 전 세계적인 성공을 거두고 있었다. 1990년대 후반부터 디즈니와 픽사는 〈토이 스토리〉, 〈벅스 라이프〉, 〈몬스터 주식회사〉의 잇단 흥행을 이루어내며 좋은 파트너십을 유지했다. 그러나 〈토이 스토리 2〉의 배급권과 수익 배분 문제에서 갈등이 생기기 시작한다. 픽사는 자신들이 제작한 영화에 대한 창작 통제권과 수익의 공정한 분배를 원했지만, 디즈니는 기존 계약을 고수하려 한 것이다. 이러한 갈등은 2004년, 픽사가 디즈니와 계약 종료를 선언하면서 절정에 달했다. 2005년, 밥 아이거가 디즈니의 최고경영자로 취임하면서 상황은 전환점을 맞이한다. 이 난항을 풀기 위해 밥 아이거가 스티브 잡스를 만나서 처음 꺼낸 말은 다음과 같다.

"우리는 픽사의 창의적 성과를 존중하며, 우리의 협력이 새로운 차원에 이를 수 있다고 믿습니다."

그는 스티브 잡스와 직접 소통하며 신뢰를 구축했고, 이러한 존중의 표현은 픽사의 창의적 자율성을 보장하는 조건으로 디즈니의 픽사 인수로 이어진다. 2006년, 마침내 디즈니는 약 74억 달러의 주식 교환 방식으로 픽사를 인수하는 데 성공한다. 데일 카네기는 다음과 같이 말한다.

> 인간관계에서 누군가를 내 편으로 만들고 싶다면, 먼저 당신이 그 사람의 편이 되어야 한다. 상대방에게 당신이 진정한 친구라는 확신을 심어주어라. 이것이야말로 사람의 마음을 사로잡는 한 방울의 꿀이며 상대가 이성적으로 생각하도록 호소하는 최선의 길이다.

1998년 에콰도르와 페루 사이의 영토 분쟁을 해결한 협상 사례는 널리 알려져 있다. 당시 에콰도르의 하밀 마우아드 대통령은 취임한 지 1주일도 채 되지 않은 신임 대통령이었고, 상대편 협상자는 8년간 페루를 이끌어온 알베르토 후지모리 대통령이었다. 깊은 적대감 속에서 양국 정상이 만났다. 외교 현장은 양복 입은 검투사들이 '말'이라는 칼로 싸우는 전쟁과 같다고 하지 않았던가. 팽팽한 긴장 속에서 갓 취임한 에콰도르의 마우아드 대통령은 이렇게 말을 시작한다.

"대통령을 1주일만 해도 이렇게 힘든데 8년이나 페루를 이끌다니 정말 대단합니다. 이번 협상에서 선배님의 노하우를 많이 배울 수 있기를 기대합니다."

이 말을 들은 후지모리의 입가에 옅은 미소가 스쳤다. 협상은 이미 성공적인 결론으로 흘러가기 시작했다.

누구나 "안녕하십니까?", "오시느라 고생하셨죠?" 같은 형식적인 인사말은 할 줄 안다. 그러나 상대의 마음을 열고 시작하는 것은 진심과 기술이 함께 필요하다. 카네기가 말하는 우호적인 말은 단순히 아이스브레이킹을 위한 농담이나 인사말 같은 잔기술이 아니다. '우호적'이란 '친구와 같은Friendly'이라는 뜻이다. 나이와 지위를 불문하고 친구 관계를 맺으려면 어떤 마음으로 대화를 시작해야 할까? '나는 당신의 편이다. 당신의 입장이라면 이런 점을 인정받고 싶을 것 같다. 나는 당신의 마음을 헤아리고 싶다. 비록 우리가 지금 원하는 것이 다르더라도 나는 당신을 존중한다'와 같은 의미를 담은 표현이 바로 우호적인 태도의 말이다. 우호적인 태도로 말을 시작하라는 것은 결국 상대에게서 원하는 것을 얻기 전에 먼저 친구가 되라는 말과 같다.

'우호적인 태도로 말을 시작하라' 원칙의 실천 팁

인공지능 챗GPT에게 다음과 같이 물어보았다.

"연봉 인상을 요청하고 싶은데 어떻게 말을 시작하는 것이 좋을까?"

챗GPT는 "이 회사에서의 기회를 소중히 여기며, 저는 더 큰 기여를 하고 싶습니다"라고 답하면서 친절하게도 연봉 인상을 요청할 때 주의할 점을 덧붙여 알려주었다.

연봉 협상 시작 시 유의 사항

1. **정중한 인사**: 대화 시작 전에 감사의 인사를 전하세요.
2. **구체적인 성과 제시**: 자신의 성과를 수치화하여 설명하세요.
3. **시장 조사 활용**: 업계 평균 연봉 정보를 바탕으로 협상하세요.
4. **유연한 태도 유지**: 회사 상황을 고려하여 대안을 제시하세요.
5. **미래 비전 공유**: 향후 회사에 어떻게 기여할 수 있을지 설명하세요.

최신 인공지능이 알려주는 유의 사항 1번이 바로 '대화 시작 전에 감사의 인사를 전하라'는 것이다. 이것은 100년 전 카네기의 가르침과 크게 다르지 않다. 원하는 것이 있다면 우호적인 태도로 말을 시작해야 한다는 점이다.

《데일 카네기 인간관계론》에는 심각한 노사 갈등을 겪던 록펠러가 죽음까지도 불사하며 서로 투쟁하던 사람들을 중재하는 연설이 소개되어 있다. 그 일부를 살펴보자.

"오늘은 제 생애에서 특별한 날입니다. 이 훌륭한 회사의 임직원과 노동자분들의 대표님과 함께하는 자리를 갖는 이러한 영광은 저에게 처음입니다. 지난주 저는 남부 탄광촌을 방문하여 노동자 대표님들 대부분과 이야기를 나눴고, 여러분의 가정을 방문하여 가족분들도 많이 만날 수 있었습니다. 그 때문에 오늘 우리는 낯선 사람들이 아닌 친구로서 만난 것입니다. 제가 여러분과 함께하게 된 점을 기쁘게 생각하는 것도 바로 서로를 존중하는 마음 때문입니다. 불행하게도 저는 여러분 중 어느 한 편에 속하지 못하지만 어떻게 보면 저는 여러분 모두와 친구 같은 관계를 맺고 있다고 생각합니다. 그것은 제가 주주와 이사회의 대표이기 때문입니다."

카네기는 그 연설이 무척 온화하고 다정했다고 설명하며 이렇게 덧붙인다.

누군가의 마음이 당신에 대한 나쁜 감정과 증오로 가득 차 있을 때는 이 세상의 어떤 논리로도 그 사람의 마음을 당신 뜻대로 움직일 수 없다. 아이들을 꾸짖는 부모나 윽박지르는 직장 상사와 남편, 그리고 잔소리를 늘어놓는 아내들은 사람들이 자기 생각을 바꾸는 것을 좋아하지 않는다는 사실을 알아야 한다. 강요한다고 해서 그들의 의견이 우리의 것과 같아지지 않는다. 그러나 우리가 진심으로 친절하고 다정하게 대하면 그들의 생각이 바뀔 확률은 더 높아진다.

우호적인 태도로 말을 시작하라는 것은, 결코 억지로 말을 꾸미라는 뜻이 아니다. 핵심은 상대에게 친근하고 긍정적인 인상을 주는 태도다. 그렇다고 소심하게 할 말도 못 하고 상대의 기분을 맞춰주라는 의미도 아니다. '말을 시작하라'라고 되어 있지 않은가? 할 말은 하고 살아야 한다. 하지만 우리의 진짜 목적은 말을 하는 것이 아니라 내 말을 상대가 듣게 하는 것이다.

"인간관계에서 누군가를 내 편으로 만들고 싶다면, 먼저 당신이 그 사람의 편이 되어야 한다. 상대방에게 당신이 진정한 친구라는 확신을 심어주어라. 이것이야말로 사람의 마음을 사로잡는 한 방울의 꿀이며 상대가 이성적으로 생각하도록 호소하는 최선의 길이다."

· 원칙 ·
14

허락과 승인을 얻으려면

상대방이 당신의 말에 일단 "네, 네"라고 대답하게 하라

Get the other person saying "yes, yes" immediately.

◆

우리 집 둘째가 네 살 때 있었던 일로 기억한다. 장난감 매장 앞에서 아이가 갖고 싶어 하던 로봇을 발견하고 그 앞에 멈춰 섰다. 아이의 마음속 대사는 뻔하다. "저거 사줘!"라고 외치고 싶은 충동과, 부모의 "안 돼"라는 반응으로 이어질 전형적인 대화 패턴이 이미 예상되었다. 그런데 그 순간 아이가 느닷없이 이렇게 말했다.
"아빠 나 사랑하지?"
갑작스러운 고백에 나는 웃음이 터져 나왔다. 동시에 데일 카네기의 인간관계 원칙이 떠올랐다. "상대방을 설득하고 싶다면 일단 당신의 말에 "네, 네"라고 대답하게 하라."

'상대방이 당신의 말에 일단 "네, 네"라고 대답하게 하라' 원칙의 본래 뜻

관성의 법칙에 대해 한 번쯤 들어봤을 것이다. 관성의 법칙은 외부에서 특별한 힘이 가해지지 않는 한 모든 물체는 자신의 현재 상태를 유지하려 한다는 것을 뜻한다. 사람도 마찬가지다. 《설득의 심리학》 저자이자 애리조나대학의 심리학 교수인 로버트 치알디니Robert Cialdini는 이를 '일관성의 원리Principle of Consistency'라고 설명한다. 사람들은 본질적으로 자신이 일관된 이미지로 비치기를 원한다. 이는 단순한 외적 인식의 문제만이 아니라, 심리적 불편을 피하려는 깊은 욕구와도 연결된다. 즉, 자신의 생각이나 행동이 처음과 달라질 때 느끼는 인지 부조화라는 심리적 긴장을 피하기 위해, 가능한 한 처음에 취한 입장과 태도를 끝까지 유지하려는 경향이 있다. 이것이 바로 이 원리의 핵심이다.

오늘날 대중적으로 받아들여지는 이 현대 심리학 이론을 로버트 치알디니 교수가 태어나기도 전부터 가르친 사람이 있다. 바로 데일 카네기이다. 카네기는 저서에서 다음과 같이 설명한다.

> 대화를 나눌 때 서로 의견이 다른 부분에 대한 논의를 먼저 하지 말라. 상대가 동의할 수 있는 것에 대해서 말을 시작하고 계속 그것을 강조하라. 가능하다면 서로가 같은 목표를 가지고 있음을 상

기시키고, 차이점이 있다면 그것은 목적이 아니라 단지 그것에 이르는 방법일 뿐이라는 점을 계속 강조하라. 대화를 시작할 때 상대가 "네"라고 말하게 하고 "아니요"라는 말은 가능한 한 하지 않도록 하라.

그리고 이렇게 덧붙인다.

사람들은 일단 "아니요" 하고 말해버리면 자존심 때문에 그 말을 계속 고집할 수밖에 없다. 나중에 가서 "아니요"라고 대답한 것이 현명하지 못했다고 생각할 수도 있다. 설사 그렇더라도 자존심을 먼저 생각하는 것이 사람이다. 일단 한마디 하고 나면 자기가 한 말을 고집해야겠다는 생각을 갖는 것이다.

이것은 로버트 치알디니 교수가 말한 일관성의 원리와 정확히 일치한다. 그리고 데일 카네기는 비록 뇌과학이나 생리 심리학을 연구한 학자는 아니지만, 현장에서의 수많은 경험을 통해 직관적으로 '예'와 '아니요'라는 말이 우리의 신체적·태도적 반응에 영향을 미친다는 사실을 깨달았다.

여기에서의 심리적 패턴은 아주 분명하다. 마음속으로부터 "아니요"라는 단어를 말하는 행위에는 많은 것이 포함된다. 편도선, 신경, 근육 등의 신체 기관이 모두 한데 어우러져 거부 상태를 빚어 낸다. 대개는 미미한 정도지만, 때로는 눈에 띌 정도로 심하게 육체적인 거부 현상이 일어난다. 즉 신경과 근육의 전 조직이 거부감을 표하는 것이다. 이와는 반대로 "네, 그래요" 하고 말할 때는 이같은 위축 현상이 일어나지 않는다. 이때의 신체 기관은 수용적이며 개방적인 상태가 된다. 그러므로 대화의 초반에 "네, 그래요" 하는 대답을 많이 끌어낼수록 궁극적인 제안 사항에 대해 상대방의 동의를 구할 가능성도 커진다.

'상대방이 당신의 말에 일단 "네, 네"라고 대답하게 하라' 원칙의 실천 팁

장난감을 사달라고 떼쓰는 아이 이야기로 이 장을 시작했는데 사실 어른이라고 크게 다르지 않다. 자기주장만 내세우면서 대화와 타협을 모르는 고집불통 빌런을 주변에서 한 번쯤은 만난 적이 있을 것이다. 이럴 때는 찬반 토론에 능한 철학자들의 화법이 필요하다. 철학자 중에서도 대가라 할 수 있는 소크라테스에게 반론을 펼치는 지혜를 배워보자.

소크라테스는 당시의 수사학修辭學이 지식의 깊이 없이 말만으로 사람들을 현혹할 수 있는 위험을 내포하고 있다고 평가했다.

그런 생각을 하는 소크라테스가 수사학의 대가라 불리던 고르기아스를 만나서 어떻게 말을 시작했을까? "수사는 말의 기교에 불과합니다. 진정한 지식이 아니에요"라고 단정적으로 말했다면, 상대는 곧바로 "아니요, 당신이 잘못 알고 있소"라고 받아쳤을 것이다. 소크라테스는 질문으로 대화를 시작한다. 간단히 재구성하면 다음과 같다.

소크라테스   수사학이란 어떤 종류의 설득을 만들어내는 기술입니까? 그리고 그것은 무엇을 다루는 기술이지요?

고르기아스   법정이나 여러 모임에서 정의로운 일과 부정한 일을 사람들에게 믿게 만드는 설득의 기술입니다.

소크라테스   그렇군요. 그러면 수사학은 지식에 근거한 설득이 아니라, 사람들의 믿음을 만들어내는 기술이라는 말씀이군요.

고르기아스   그렇다고 할 수 있죠. 나라의 큰일들을 결정하는 데 실제로 수사학자들이 많은 영향을 끼쳤습니다.

소크라테스   그렇다면 각 분야에서 이미 올바른 지식을 가지고 있는 사람에게는 수사학은 필요가 없을 터이고, 지식이 부족한 사람들은 상대적으로 수사학자들이 더 쉽게 설득할 수 있을 테지요. 수사학은 지식이 아닌 믿음을 만드는 것이기 때문에 그것이 무지한 대중을 대상으로는 잘못 사용될 위험이 있지 않나요?

카네기는 저서에서 소크라테스 문답법에 대해 다음과 같이 언급한다.

> 소크라테스의 대화법은 무엇일까? 그가 사람들의 생각이 틀렸다고 지적했을까? 천만의 말씀이다. 소크라테스는 절대 그렇게 하지 않았다. 그러기에는 그는 너무나도 노련한 사람이었다. 오늘날 '소크라테스 문답법'이라고 불리는 그의 화법의 핵심은 "네, 네"라는 반응을 끌어내는 것이다. 소크라테스는 자기와 의견이 다른 사람들이 동의할 수밖에 없는 질문들을 했다. 그리고 한 가지씩 상대방의 동의를 구해 나갔다. 그는 상대방이 불과 몇 분 전만 해도 기를 쓰고 반대했을 어떤 결론을, 상대방이 미처 깨닫기도 전에 스스로 수용할 때까지 계속 질문했다.

우리는 비록 소크라테스와 같은 현인은 아닐지 몰라도 카네기의 인간관계 원칙을 통해 이를 실생활에 적용할 수 있다. 팀원이 부족한 아이디어를 제안할 때 팀장이 "이 안은 틀린 것 같은데요, 내가 말한 대로 진행합시다"라고만 하면 어떻게 되겠는가? 마지못해 팀장의 말에 따를 수는 있겠지만, 아마 그 팀장을 고집불통 상사로 받아들일 것이다. 더구나 그 이후에 팀원의 자발적인 아이디어 제안이나 헌신은 기대하기 어려울 것이다.

반대도 마찬가지다. 팀장이 틀린 의견을 냈다고 하자. "팀장님,

그건 아닌 것 같은데요"라고 말을 시작해보라. 그 팀원은 아마 그 이후 유쾌한 경험을 하기 어려울 것이다.

이때 다음과 같이 해보면 어떨까? "팀장님, 그러니까 고객이 쉽게 우리 서비스에 접속하게 하는 것이 중요하단 거죠?" 이렇게 시작하면 대부분의 경우 "그렇지"라는 대답을 듣게 된다. 당신의 의견을 제안하는 것은 그다음이다. 일단 상대가 한 번 '예스'를 말하면, 다음 답에도 예스를 말할 확률이 높아지기 때문이다.

아무리 다른 의견이라도 조금만 주의를 기울여 살펴보면, 공감대를 만들 수 있는 지점을 발견할 수 있다. 휴가를 어디로 갈지 의견이 달라도 결국 즐겁게 시간을 보내자는 마음은 같을 것이고, 서로 자기 부서 일이 아니라고 미루는 사람들도 일찍 퇴근하고 싶은 마음은 같지 않을까? 이런 식으로 생각해보면 일단 예스라는 답을 얻을 수 있는 말로 대화를 여는 게 가능하다. 한 번 예스로 시작하면 마무리도 예스가 될 가능성이 크지만, 그 반대라면 그 끝은 뻔하다.

카네기는 저서에서 중국 속담을 가끔 인용한다. 그가 좋아했던 말을 우리도 기억해보자.

"살며시 걷는 사람이 멀리 간다."

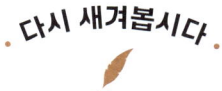

다시 새겨봅시다

"사람들은 일단 '아니요' 하고 말해버리면 자존심 때문에 그 말을 계속 고집할 수밖에 없다. 나중에 가서 '아니요'라고 대답한 것이 현명하지 못했다고 생각할 수도 있다. 설사 그렇더라도 자존심을 먼저 생각하는 것이 사람이다. 일단 한 마디 하고 나면 자기가 한 말을 고집해야겠다는 생각을 갖는 것이다."

원칙 15

저항을 줄이려면

상대방에게
많은 이야기를 하게 하라

Let the other person do a great deal of the talking.

◆

대화의 본질은 '상대에게 공간을 내어주는 것'이다. 내가 얼마나 유창하게 말했는지가 중요한 게 아니라, 상대가 얼마나 진심을 드러내려 했고 자기 이야기를 꺼냈는지가 미팅의 성패를 결정한다. 상대방이 충분히 이야기할 수 있도록 질문을 던지고, 고개를 끄덕이며 경청할 때 신뢰가 쌓이고 관계가 깊어진다. 사람들은 스스로 말할 기회를 얻을 때 비로소 존중받는다고 느낀다. 따라서 좋은 미팅이란 화려한 프레젠테이션이나 말솜씨가 아니라, 상대의 목소리를 끌어내는 능력에서 출발한다.

'상대방에게 많은 이야기를 하게 하라' 원칙의 본래 뜻

데일 카네기를 대화와 토론의 달인으로 인정하지 않을 사람은 없을 것이다. 그는 성인교육 분야의 선구자이며 인간관계와 화술에 대한 강연으로 미국 전역을 휩쓴 최초의 인물이다. 지금도 데일 카네기의 가르침은 데일카네기코스라는 이름으로 표준화되어 전 세계 85개국에서 동일한 내용으로 진행되고 있으며 각계각층의 수많은 리더를 배출하고 있다. 그렇다면 그가 말하는 설득의 기술에 귀 기울일 필요는 분명하지 않을까?

상대를 설득하려고 혼자만 떠드는 사람이 많다. 상대방이 이야기하게 만들어라. 그들의 일과 문제에 대해서 그들이 더 많이 안다. 그러니 질문하라. 몇 마디라도 더 말하도록 해주어라. 나와 다른 의견에는 중간에 끼어들고 싶은 유혹이 생길 것이다. 그러나 참아라. 위험하다. 하고 싶은 말이 많이 남은 사람은 어차피 당신에게 관심을 두지 않는다. 그러니 마음을 활짝 열고 끈기 있게 귀 기울여 진지하게 들어라. 그들이 생각을 충분히 말할 수 있도록 격려해주어라.

카네기 원칙이 상대에 대한 존중과 배려, 그리고 진심에 기초

하는 것은 맞다. 하지만 카네기는 우리에게 성인이나 도덕군자가 되라고 이 원칙을 가르친 것이 아니다. 그는 오히려 효율과 효과를 추구하는 현명한 사람이다. 쓸데없는 짓을 하는 것은 어리석다. 내가 설득하고 싶은 말이 있는데 상대의 이야기를 듣는 것이 시간 낭비처럼 느껴지는가? 오히려 그 반대다. 상대가 말을 끝내기도 전에 내가 먼저 말하는 것이야말로 진짜 시간 낭비다. 물론 우리가 군인이어서 전시 상황처럼 즉각 명령을 내려야 하는 경우가 아니라면 말이다.

이 원칙과 관련하여 《데일 카네기 인간관계론》에 소개된 에피소드 중에서 가장 재미있는 것은 G라고 소개된 데일카네기코스 수강생의 경험담이다.

영업을 위해 고객사를 방문한 그는 심한 후두염을 앓고 있었다. 그래서 말을 제대로 할 수 없었다. 회의실에는 고객사의 구매 담당 부장과 대표가 있었는데 목소리가 나오지 않으니 난감한 상황이었다. 할 수 없이 그는 종이에 "여러분 죄송합니다. 목소리가 제대로 안 나와서 말씀드리기가 어렵습니다"라고 썼다. 그러자 그는 놀라운 일을 목격하게 된다. 잠시 후 고객사 사장이 "제가 대신 말해보죠" 하면서 G가 이전에 보냈던 시제품을 꺼내더니 자신이 생각하는 장점을 설명하기 시작한 것이다. 그러자 회의 참가자들이 서로 그 제품의 효용 가치에 대해 열띤 토론을 벌였다고 한다. G는 적절한 눈빛과 손짓, 그리고 최소한의 말로 호응하며 대화에 참여했다. 그리고 자신의 영업에서 최고 금액의 계약을 체결하게 된다.

《데일 카네기 인간관계론》에 다음과 같이 G의 증언이 기록되어 있다.

목이 쉬지 않았더라면 아마 그 계약을 놓쳤을 겁니다. 이야기를 듣다 보니 저는 고객이 왜 이 제품을 사려고 했는지 완전히 잘못 이해하고 있었다는 것을 알게 되었어요. 다른 사람이 말을 많이 하도록 하면 때로 큰 이익이 돌아온다는 사실을 정말 우연히 발견한 셈입니다.

설득을 위해 상대방이 말을 많이 해야 하는 이유는 크게 2가지로 나눌 수 있다. 첫째는 상대의 감정이다. 주장하고 싶은 바가 있는 사람은 그것을 충분히 말하기 전까지는 감정적 여유가 없어서 어차피 남의 말을 잘 듣지 못한다. 말을 쏟아내고 나면 비로소 마음에 약간의 공간이 생긴다. 그 공간이 생겨야 내 말을 집어넣을 수가 있는 것이다. 두 번째는 나의 이성이다. 말을 듣다 보면 상대가 원하는 바를 제대로 알 수 있다. 상대의 어떤 부분을 설득해야 하는지 제대로 알아야 이성적인 논리를 만들 수 있다. 상대가 원하는 바에 맞게 내 논리를 펼쳐야 설득이 되지, 그렇지 않으면 아무리 내 주장을 한다 한들 잘못된 과녁에 화살을 날리는 것과 같다. 유능한 협상가는 상대의 감정을 풀어주고 나의 이성적인 논리를 펼친다. 반면 무능한 떠벌이는 자신의 감정만 앞세우고, 상대가 그것을 이성적으로 받아주기를 기대한다.

'상대방에게 많은 이야기를 하게 하라' 원칙의 실천 팁

상대방이 많이 말하도록 하는 것은 수동적인 방어가 아니라, 오히려 적극적인 전략이다. 좋은 질문을 준비할 때 비로소 그것이 가능하다. 중요한 미팅이나 대화를 앞두고 우리는 무엇을 준비하는가? 설득할 논리 구조, 관련된 사례와 데이터, 상대의 예상 질문과 나의 답변. 물론 다 중요하다. 하지만 좋은 질문을 준비하는 것은 필수적이다. 질문의 중요성과 관련해 카네기의 책에 나온 사례를 하나 살펴보자. 대표이사 최종 면접에 참여한 쿠벨리스라는 사람의 이야기다.

"이렇게 훌륭한 역사를 가진 회사를 알게 되어 영광입니다. 대표님께서는 28년 전에 책상 한 개와 속기사 한 명으로 이 사업을 시작하신 걸로 알고 있는데, 사실입니까?"

성공한 사람들은 대부분 초창기에 겪었던 어려움을 회고하기 좋아한다. 이 창업주도 예외가 아니었다. 그는 단돈 450달러와 독창적인 아이디어 하나로 어떻게 사업을 시작하게 되었는지 오랫동안 이야기했다. 그 대표는 굉장히 흐뭇해하며 자신의 성공 이야기를 자랑스럽게 들려주었다. 그리고 대표는 쿠벨리스의 경력을 간단히 묻고는, 채용 담당 임원을 불러 이렇게 말했다. "이분이 바로 우리가 원하는 사람인 것 같아요." 쿠벨리스는 장차 자신의 고용주가 될 사람의 업적을 알기 위해 노력했다. 상대방에게 대부분의 말을 하게 함으로써 그 사람에게서 호감을 얻은 것이다.

내 경험상 성공한 사람들이 가장 좋아하는 질문이 있다. "당신의 성공은 어떻게 시작되었습니까?"라는 질문인데, 이 질문은 정말 마법과 같다. 강사로 일하는 동안 수많은 기업인과 각 분야의 전문가들을 만났는데, 이 질문을 싫어하는 사람은 없었다.

중요한 미팅을 앞두고 있을 때마다 내가 꼭 하는 습관이 있다. 노트에 상대방이 말하고 싶어 할 만한 내용에 관한 질문을 다섯 개 이상 적는 것이다. 그 질문들은 대화가 막힐 때마다 좋은 길을 찾게 해주는 훌륭한 가이드가 되어주었다. 좋은 질문을 만드는 법은 그리 어렵지 않다. 요즘은 챗GPT 같은 인공지능의 도움도 받을 수 있으니 얼마나 편리한가. "○○회사의 ○○부서 임원을 이런저런 목적으로 만나려고 해. 상대방과 대화를 잘 풀어가기 위해 질문을 몇 개 하려고 하는데 추천해줘", "성과가 저조한 팀원을 만나서 대화를 해야 해. 질문을 통해서 그 친구가 스스로 답을 찾을 수 있도록 하고 싶은데 좋은 질문 몇 가지만 추천해줘"처럼 각종 인공지능에 이런 요청을 해보라. 질문 노트를 만드는 것은 이제 더 이상 어려운 일이 아니다. 이러한 작업을 몇 번만 해보면 자신만의 훌륭한 질문 리스트가 쌓인다. 이는 생산적인 대화를 끌어내는 당신만의 비밀 무기가 되어줄 것이다.

전 세계 카네기 마스터들은 1년마다 한자리에 모이는 정례 워크숍을 통해 우리의 가르침을 재정비하는 시간을 가진다. 한번은 질문과 코칭을 주제로 이야기를 나누고 있었다. 그때 미국의 신디 밴슨이라는 마스터가 탁월하게 토론을 이끌었다. 당시 나는 그녀의 특징을 언급하며 다음과 같이 말했다. "질문이 짧고 답변이 길다면, 그것은 사회자로서 좋은 질문을 한 것입니다. 그런 점에서 신디는 탁월한 토론 진행자예요. 반대로 질문이 길고 답변이 짧다면, 그건 좋은 질문이라 보기 어렵습니다. 전 세계 강사들이 그녀의 질문 기술을 배울 수 있도록 해야겠습니다." 좋은 질문은 상대방이 더 많은 이야기를 하게 만든다.

만약 아직도 상대방이 이야기를 많이 하도록 하는 것이 시간 낭비처럼 여겨진다면《데일 카네기 인간관계론》에 인용된 다음의 격언을 기억하자. 프랑스 철학자 라 로슈푸코Francois de la Rochefoucauld가 한 말이다.

만약 당신이 적을 만들기 원한다면 친구를 능가하면 된다. 하지만 친구를 원한다면, 그 사람이 당신을 능가하도록 하라.

자랑을 일삼고 자기주장만 떠벌리는 사람이 주변의 호응을 받는 것처럼 보일 때가 있다. 하지만 뒤돌아서면 대부분 사람이 그를 시기하고 험담할 것이다. 그렇다면, 자신이 하고 싶은 이야기를 진심으로 궁금해하며 들어주는 사람을 우리는 어떻게 평가할까? 단지 눈앞에서 맞장구만 바라는 가벼운 사람이 될지, 돌아서서도 친구로 남아 신뢰받는 사람이 될지는 결국 당신이 어떤 태도로 상대를 대하느냐에 달려 있다.

다시 새겨봅시다

"하고 싶은 말이 많이 남은 사람은 어차피 당신에게 관심을 두지 않는다. 그러니 마음을 활짝 열고 끈기 있게 귀 기울여 진지하게 들어라. 그들이 생각을 충분히 말할 수 있도록 격려해주어라."

· 원칙 ·
16

참여가 부족한 사람이라면

상대방에게 그 아이디어가 바로 자신의 것이라고 느끼게 하라

Let the other person feel that the idea is his or hers.

◆

사람들은 충고하기를 좋아한다. 데일 카네기가 '비난이나 비판, 불평을 하지 말라'는 것을 제1원칙으로 삼은 데는 다 이유가 있다. 우리는 본능적으로 지적하기를 좋아한다. 그렇다면 이 성향을 역이용해보는 건 어떨까? 상대방이 마음껏 지적할 수 있는 장을 열어주면, 오히려 그는 신이 나서 적극적으로 참여할 가능성이 크다. 누군가의 헌신과 자발적인 참여를 이끌어내는 일은 결코 쉽지 않다. 그러나 그 시작은 의외로 단순할 수 있다. 상대가 자유롭게 의견을 내고, 부족한 점을 지적하며, 개선의 아이디어를 제시할 수 있도록 기회를 주는 것이다. 그렇게 하면 그는 단순한 비판자가 아니라, 문제 해결의 주체로서 더 큰 동기와 책임감을 느끼게 된다. 훈수 두기 어려워하는 사람은 많지 않다. 지적질의 장場을 만드는 것, 이를 창의적인 조직에서는 '아이디어 도출'이라고 부른다.

'상대방에게 그 아이디어가 바로
자신의 것이라고 느끼게 하라'
원칙의 본래 뜻

먼저 《데일 카네기 인간관계론》에 소개된 사례를 살펴보자.

스튜디오 디자인 설계를 판매하는 유진 웨슨은 뉴욕의 어느 유명한 스타일리스트를 3년 동안 한 주도 거르지 않고 방문했다. 매주 방문했지만 단 하나의 계약도 얻을 수 없었다. 유진의 디자인 제안을 본 고객은 항상 거절할 뿐이었다. 영업을 위한 방문은 무려 150회에 달했으나 소득이 없었다. 지쳐 있던 유진 웨슨은 데일카네기 코스에 참가하게 되었고 이 과정에서 그는 새로운 결심을 한다. 유진은 미완성인 스케치 몇 점을 가지고 고객의 사무실로 갔다.

"잠시만 시간을 내주시겠습니까? 여기 아직 완성하지 못한 스케치 몇 점이 있습니다. 이것을 당신이 원하는 대로 디자인하는 방법을 몇 가지 말씀해주시겠습니까?" 하고 웨슨은 말했다. 고객은 생각해볼 테니 며칠 뒤에 찾아오라고 했고, 다음 방문했을 때 결과는 놀라웠다.

3일 후, 그 스타일리스트는 몇 가지 요구 사항을 웨슨에게 제시했고, 웨슨은 고객이 낸 아이디어를 반영하여 스케치를 완성했다. 어떤 결과가 예상되는가? 완판이었다. 이후에도 그 고객은 다른 스케치 몇 점을 웨슨에게 주문했는데 모두 고객의 아이디어로 그려진 작품이었다.

이 경험을 통해 웨슨은 다음의 깨달음을 얻었다.

"몇 년 동안 단 한 건의 계약도 하지 못한 이유를 알았습니다. 제가 상대방이 원하는 것이라고 추측만으로 그린 스케치를 일방적으로 내밀며 사라고 했던 것입니다. 이제는 방법을 완전히 바꾸어 상대방에게 아이디어를 부탁해보았습니다. 그러자 고객은 자신이 디자인을 창조한다는 느낌을 받았습니다. 저는 팔지 않았습니다. 고객이 샀을 뿐입니다."

제품을 사라고 할 때는 전혀 반응을 보이지 않던 고객이 선뜻 구매 계약까지 하게 된 이유는 고객에게 충고와 조언, 즉 아이디어를 구했기 때문이었다. 물건을 사는 일은 꺼리지만, 충고나 비판을 주는 일에 사람들은 의외로 적극적이다. 아마 그 고객은 이렇게 말했을 것이다. "이 스케치는 여기 부분이 조금 아쉽네요. 이렇게 수정하면 훨씬 보기 좋을 거예요. 이 부분도 이렇게 바꾸면 더 낫지 않을까요?" 고객은 구매 의사를 가지고 한 말이 아니었다. 단지 자신의 의견을 반영하고 싶었던 것이다. 그러나 결과적으로, 자신이 아이디어를 보탠 작품이 더 멋져 보였던 것은 어찌 보면 당연한 일이었다. "와, 아무래도 이렇게 하니 너무 좋은 것 같네요. 덕분에 누구라도 사고 싶을 만한 안이 나왔습니다. 그렇지 않습니까?" 이 말에 고객은 "당연하죠"라고 답했을 것이다. 자신이 훈수를 둔 대로 작품이 나왔으니 말이다.

1차 세계대전 당시 미국의 윌슨 대통령은 에드워드 M. 하우스 대령에게 누구보다 많은 자문을 구했다고 한다. 카네기의 책에는 하우스 대령의 이야기가 실려 있다. 그가 대통령에게 어떻게 그렇게 중요한 인물이 되었는지 그 비결이 나와 있다. 하우스 대령은 다음과 같이 말한다.

"대통령을 알게 된 후 저는 어떤 아이디어를 그분에게 전달하려면 마음속에 그 생각을 자연스럽게 심어드리는 것이 최선이라는 사실을 깨달았습니다. 즉 대통령이 어떤 관심을 가지도록 억지로 만드는 것이 아니라 본인의 방식대로 생각하도록 해드려야 한다는 것이죠. 저는 우연한 기회에 이 사실을 알게 되었습니다. 백악관으로 찾아간 저는 대통령께서 반대하는 어떤 정책을 제안했습니다. 그런데 며칠 후 저녁 식사에서 대통령께서 제가 건의한 제안을 마치 자신이 한 것처럼 자랑스럽게 말씀하시는 모습을 보고 저는 깜짝 놀랐습니다."

중요한 것은 다음 대목이다. 데일 카네기는 다음과 같이 설명한다.

하우스가 대통령의 말을 가로막으며, "그것은 대통령의 생각이 아니고 제 생각이었습니다" 하고 말했을까? 그렇지 않았다. 하우스는 그럴 사람이 아니다. 그는 빈틈이 없는 사람이었다. 자신의 명성에는 관심이 없었다. 오직 결과만을 원했다. 그는 윌슨 대통령으로 하여금 마치 그것이 자신의 아이디어라는 느낌이 들도록 해주었다. 그리고 하우스는 훌륭한 일들을 해낼 수 있었다.

여기에서 이 원칙의 가장 중요한 부분이 드러난다. '상대방에게 그 아이디어가 바로 자신의 것이라고 느끼게 하라'는 원칙이 어려운 이유는, 역설적으로 그것이 가장 강력하고 효과적인 설득 방식이기 때문이다. 누구나 좋은 결과가 나왔을 때, 그것이 자신의 아이디어 덕분이었다고 인정받고 싶어 한다. 그렇기에 내가 인정 욕구를 내려놓으면, 의외로 모든 일이 훨씬 수월하게 풀린다. "하우스는 명성에는 관심이 없었다. 오직 결과만을 원했다." 이것이 핵심이다. 어떤 일을 완성하는 것이 중요하지, 누구 때문에 그리되었는지는 무의미한 지분 다툼일 뿐이다. 실력 있는 프로는 결과를 원하고, 미숙한 소인은 자기 이름을 원한다.

'상대방에게 그 아이디어가 바로 자신의 것이라고 느끼게 하라' 원칙의 실천 팁

혹시 보고서나 결과물만 가져가면 퇴짜를 놓는 상사 때문에 고생한 적이 있는가? 그렇다면 완성물을 가져가기 전에 이 작전을 한번 써보라. 상사에게 지적할 기회를 주는 것이다. 아니, 좋은 의미로 바꾸어 말하겠다. 먼저 피드백을 구하는 것이다.

"팀장님, 이렇게 작업이 진행 중인데요, 혹시 마무리를 어떻게 하면 좋을지 1안과 2안 중 의견을 좀 구해도 되겠습니까?"

다만 여기서 주의할 점이 하나 있다. 상사들은 주관식 질문보다 객관식을 선호한다. "팀장님, 이거 어떻게 처리할까요?"는 삼가야 하는 질문이다. 아무런 대책도 없이 다른 사람에게 의지하는 사람으로 찍히기 딱 좋다. 1안과 2안을 모두 당신이 원하는 방향으로 준비하라. 다만 상사에게는 "어떤 안이 더 좋으신가요?"라며 조언을 구하는 방식으로 제안하라. 그러면 상사는 자연스럽게 두 안 중 하나를 선택하거나 약간의 수정을 더할 것이다. 많은 상사들은 직접 무언가를 보탬으로써 자신의 역할을 확인하고 싶어 하기 때문이다. 그러면 1안이 되든 2안이 되든 당신이 기획한 대로 일을 진행할 수 있다.

마지막으로 상사가 낸 아이디어를 더한 후에 최종 보고를 이런 말로 시작해보라.

"팀장님이 주신 아이디어대로 완성하니 결과물이 확실히 더 나은 것 같습니다. 한번 보시겠습니까?"

이제 팀장은 그 안을 거부할 수 없을 것이다. 이 원칙의 핵심은 상대가 스스로 생각해낸 아이디어라고 느끼게 하는 데 있다. '상대방의 아이디어대로 따르라'가 아니다. 내가 주도하되 다른 사람에게 숟가락을 올릴 기회를 주는 것이 중요하다. 그리고 그 사람의 아이디어를 칭찬하면서 이것은 당신의 도움으로 이루어진 결과물임을 강조한다.

데일카네기트레이닝은 카네기의 가르침을 오늘날의 리더십 이론과 스킬로 재정립하여 전 세계 각계각층 리더들을 훈련하고 있다. 리더십 프로그램의 대표 슬로건은 다음과 같다. "사람들은 자신이 기여한 세상을 지지한다People support a world they help create." 작은 부분이라도 내가 힘을 보탰다면, 그 일에는 자연스럽게 자부심과 애정이 생긴다. 그렇기 때문에 유능한 리더는 자신을 낮추어 팀원들이 참여할 기회를 부여하고, 그 기여를 존중하고 인정해주는 방식으로 리더십을 발휘한다. 강조하건대, 사람들은 자신이 기여한 것을 지지한다. 데일 카네기는 노자老子의 말을 인용하면서 일찍이 이 원리를 설명했다.

"강과 바다가 모든 계곡의 왕이 될 수 있는 것은 기꺼이 낮은 곳을 자처하기 때문이다. 그 결과 온갖 시냇물이 흘러 들어오는 왕이 되는 것이다. 무릇 백성의 위에 있고자 하면 반드시 자기를 낮추는 말을 하고, 사람의 앞에 서려고 하면 항상 몸을 뒤로해야 한다. 그리하여 성인은 위에서 다스려도 아랫사람이 무겁게 느끼지 않고, 앞에서 이끌어도 뒤에 있는 백성이 해로 여기지 않는다."(《도덕경》 66장)

다시 새겨봅시다

"사람들은 자신이 기여한 세상을 지지한다.' 작은 부분이라도 내가 힘을 보탰다면, 그 일에는 자연스럽게 자부심과 애정이 생긴다. 그렇기 때문에 유능한 리더는 자신을 낮추어 팀원들이 참여할 기회를 부여하고, 그 기여를 존중하고 인정해주는 방식으로 리더십을 발휘한다."

• 원칙 •
17

이유를 알고자 한다면

상대방의 관점에서 사물을 볼 수 있도록 성실히 노력하라

Try honestly to see things from the other person's point of view.

◆

대부분의 사람들은 선택의 기준이 옳고 그름에 있다고 생각한다. 그러나 실제로는 '옳은 길'과 '쉬운 길' 사이에서 갈등하는 경우가 더 많다. 그리고 안타깝게도 많은 이들이 결국 쉬운 쪽을 선택한다. 옳은 길은 대체로 어렵다. 상대의 관점에서 생각하면 대화를 옳은 방향으로 가져갈 수 있지만 그것은 쉽지 않다. 그냥 다른 사람이 틀렸다고 비난하는 것은 쉽다. 사람 속을 헤아리는 데는 노력이 필요하기 때문이다. 데일 카네기는 이것을 바보와 현명한 사람의 차이라고 설명한다.

다른 사람의 생각이 틀렸을 수도 있다. 그러나 상대는 그렇게 생각하지 않는다. 그들을 비난하지 말라. 바보는 그렇게 할 수 있다. 그들을 이해하려고 노력하라. 현명하고 끈기 있고 특별한 사람들만이 그런 노력을 한다. 어떤 사람이 자기 방식대로 생각하고 행동하는 데에는 나름대로 이유가 있다. 그 이유를 먼저 알아보라. 그러면 그 사람의 행동, 아니 어쩌면 인간성까지도 이해할 수 있는 열쇠를 얻게 될 것이다.

'상대방의 관점에서 사물을 볼 수 있도록
성실히 노력하라'
원칙의 본래 뜻

나는 오랜 기간 영업본부의 부서장으로 일했다. 영업 담당자들은 성과를 올리기 위해 고객에게 전화하기도 하고 방문 미팅을 하기도 한다. 나는 종종 팀원들에게 묻는다.

"이번 미팅을 하는 이유가 뭐죠? 이 전화의 목적은 뭔가요?"

그러면 팀원들은 한결같이 "제안서 프레젠테이션을 잘하는 것입니다", "고객이 원하는 바를 알아내는 것입니다", "계약을 따내려면 당연히 고객을 만나야죠" 같은 답변을 내놓는다. "그래요, 좋습니다. 하지만 그건 우리의 목적이죠. 내가 묻고 싶은 것은, 우리가 왜 고객을 만나는가가 아니라, 고객이 왜 우리를 만나야 하냐는 것입니다. 고객이 우리와 왜 만나야 하는지 그 이유가 뭐죠?"라고 나는 다시 묻는다. 그러면 대부분 쉽게 대답하지 못한다. 한 팀원이 잠시 고민하더니 "고객은 여러 대안을 비교해보고 싶을 것 같습니다"라고 말한다. 나는 다시 질문한다. "그래요, 그럼 고객이 취할 수 있는 여러 대안이 어떤 건지 조사를 좀 해봤나요? 각 옵션의 장단점을 비교한 표가 있으면 우리를 만날 이유가 될 것 같네요. 지금 이 제안서에는 우리 제품에 대한 설명만 가득하잖아요. 이것은 어차피 우리 홈페이지에서 대부분 확인할 수 있으니 고객은 굳이 시간을 내어 우리를 만날 이유가 없지 않을까요?" 진정으로 상대방의 관점에서 제안서를 준비하지 않으면 그 일은 대부분 헛수고로 끝나고 만다.

대화가 비효율적으로 흐르는 가장 큰 이유는 대부분 상대방의 입장과 감정을 제대로 이해하지 못하기 때문이다. 우리는 각자 자신의 관점으로 사물을 바라보기에 상대방의 관점에서 바라보는 일은 쉽지 않다. 인간은 본성적으로 자기중심적인 존재이기 때문이다. 그래서 사람들은 자신의 강점을 과대평가하거나 약점을 과소평가하는 경향이 많다. 이런 경우 자만심에 빠지거나 타인을 무시하기 쉽다. 물론 반대의 경우도 있다. 자신의 장점을 과소평가하고 단점을 지나치게 크게 보는 것이다. 이런 사람은 사소한 실수에도 자신감을 잃고 쉽게 위축된다. 결국 중요한 것은 자신을 객관적으로 바라보는 균형 감각이다.

어느 쪽이든 자기 인식이 부족한 사람은 자신이 타인과 어떻게 소통하는지를 객관적으로 보지 못하기 때문에, 인간관계에서 많은 어려움을 겪는다. "나 사실은 뒤끝 없는 사람이야. 나도 알고 보면 자상한 사람이야"라며 변명을 늘어놓지만 그렇게 자신을 설명하려 할수록 더욱 외로워질 뿐이다. 나로서는 도움을 주려고 한 말이 상대방에게는 잔소리에 불과할 수 있다. 나는 칭찬이라고 했는데 상대방은 부담감만 느끼기도 한다. 우리에게는 상대방의 시각으로 자신을 바라보는 지혜가 필요하다.

자신의 목소리를 녹음해서 들어본 경험이 있는가? 처음에는 굉장히 낯설고 어색하게 느껴진다. 매일 말할 때 듣는 목소리인데도 이를 객관화하는 순간 낯설게 다가오는 것이다. 하지만 녹음된 내 목소리를 듣다 보면, 어떤 표현을 잘 못하는지, 말이 지나치게 빠른지 느린지, 어조는 어떤지를 파악할 수 있고 표현력을 바로잡는 데도 큰 도움이 된다. 다른 모든 행동과 표현도 마찬가지다. 타인의 관점으로 자신을 바라보는 것은 우호적인 관계를 형성하는 데 꼭 필요하다. 카네기는 다음과 같이 조언한다.

누군가에게 무엇인가 요구하기 전에, 잠시만 눈을 감고 다른 사람의 관점으로 사물을 바라보는 노력을 해보는 것이 어떨까? 스스로에게 "그 사람은 왜 그렇게 행동하는 걸까?" 하고 물어보라. 시간은 걸리겠지만 이렇게 하는 것이 적을 만들지 않고 마찰과 갈등을 적게 빚으면서 더 나은 결실을 보는 길이다.

'상대방의 관점에서 사물을 볼 수 있도록 성실히 노력하라' 원칙의 실천 팁

데일 카네기는 우리가 상대방 관점에서 말할 때 어떤 태도를 지녀야 하는지를 강조하기 위해 제럴드 니렌버그Gerard I. Nierenberg 박사의 《제스처로 사람을 읽는다How to Read a Person Like a Book》에서 다음 구절을 인용한다.

다른 사람의 생각이나 감정을 내 것처럼 중요하게 여기고 있다는 것을 보여줄 때 협력을 얻을 수 있다. 대화를 시작할 때, 따뜻한 태도로 먼저 목적이나 방향을 제시하고 그 사람이 듣고 싶어 하는 바를 염두에 두고 말을 조절하면서 상대의 의견을 너그러이 수용한다면, 그 사람도 우리 생각을 받아들일 마음이 생기는 법이다.

상대에게 무엇인가를 요구할 때 우리는 아마 좋은 의도를 가지고 이야기할 것이다. 하지만 때로 좋은 의도가 소통을 망친다. 이게 무슨 소리야? 생각할 수 있지만 한번 살펴보자. "편식하면 안 돼"라고 말하는 부모의 말에, "기도를 열심히 하세요"라고 말하는 성직자의 조언에, "회사 물품을 아껴 쓰세요"라고 말하는 관리자의 지시에 나쁜 의도가 있을까? 나름 좋은 의도로 하는 말이다. 하지만 아무리 좋은 의도로 한 말이라도 그저 말했다는 이유로 상대가 당연히 받아들여야 한다고 생각하는 것이 문제다.

소통에는 태도와 의도, 둘 다 중요하다. 하지만 좋은 의도를 가진 사람일수록 상대가 당연히 받아들여야 한다는 생각에 정작 말하는 태도에는 세심한 주의를 기울이지 못한다. 예를 들어 회의

때 누군가가 낸 의견에 대하여 "그건 아니고, 사실은 이런 식으로 처리해야 하는 거죠"라고 내가 반론을 제시했다고 생각해보자. 나는 당연히 좋은 의도로 말했다. 올바른 해결책을 알려주겠다는 좋은 의도 말이다. 하지만 상대는 나의 의도보다는 태도를 먼저 받아들인다. '또 자신이 잘났다고 뽐내고 있군.' 이런 식으로 말이다. 그러면 상대는 내 말이 옳다는 사실을 알더라도 방어적인 태도를 취할 것이다. 그 상태에선 설득과 협상이 제대로 진행될 수 없다. 소통에 능한 사람은 말할 때는 자신의 태도를 주의하고, 들을 때는 상대의 의도를 파악하려 한다. 저렇게 화를 내면서까지 강조하는 것을 보니 이것이 본인에게는 매우 중요하고 심각한 사안이라고 여기는구나' 하고 상대방의 화내는 태도보다 말에 담긴 의도를 헤아린다.

이것이 상대방의 관점에서 바라본다는 말의 핵심이다. 말할 때는 의도보다 태도에, 들을 때는 태도보다 의도에 집중하라. 그러면 불필요한 갈등은 줄어들고, 효과적으로 대화의 결론에 도달할 것이다. 하지만 대개는 반대로 한다. 말할 때는 내 의도에 취해 나의 태도를 조절하지 못하고, 들을 때는 상대의 태도가 거슬려서 그 의도를 헤아리지 않는다.

이와 관련해《데일 카네기 인간관계론》에 하버드 비즈니스 스쿨의 도넘 학장의 조언이 실려 있는데, 데일 카네기는 이 말을 중요하게 여겨 두 번이나 반복해 적었다.

"나는 누군가를 만날 때 내가 할 말이 무엇인지, 그리고 상대가 어떤 관심사나 의도를 가지고 말할지에 대해 생각이 정리되지 않으면, 차라리 사무실 밖에서 두 시간 동안 서성대는 게 낫다고 생각한다."

사람들은 대개 자신이 할 말만 생각한다. 하지만 더 중요한 것은, 상대방의 관심이나 의도다. 내게는 말을 할 이유가 있지만 상대가 내 말대로 해야 할 이유는 무엇인가? 상대가 어디에 관심이 있고 어떤 의도로 말을 하는지 헤아리지 못한다면 차라리 그 대화를 하지 않는 편이 낫다는 게 카네기가 전하고자 한 핵심이다. 한마디로 타인의 시각으로 나를 바라보는 것이다. 상대방의 관점에서 보려고 성실히 노력하지 않으면 내가 얻을 것도 없다.

"말할 때는 의도보다 태도에, 들을 때는 태도보다 의도에 집중하라. 그러면 불필요한 갈등은 줄어들고, 효과적으로 대화의 결론에 도달할 것이다. 하지만 대개는 반대로 한다. 말할 때는 내 의도에 취해 나의 태도를 조절하지 못하고, 들을 때는 상대의 태도가 거슬러서 그 의도를 헤아리지 않는다."

· 원칙 ·

18

타협점을 찾기 원한다면

상대방의 생각이나 욕구에 공감하라

Be sympathetic with the other person's ideas and desires.

◆

데일 카네기도 악플에 시달린 적이 있었다. 사건의 발단은 카네기가 진행하던 라디오 방송 중에 소설 《작은 아씨들》의 작가 루이자 메이 알코트Louisa May Alcott의 거주지를 잘못 말한 데서 비롯되었다. 루이자 메이 알코트는 매사추세츠주의 콩코드에 살면서 집필 활동을 했는데, 카네기가 그만 실수로 뉴햄프셔주의 콩코드라고 여러 번 말한 것이다. 이 방송을 들은 콩코드 사람들의 비난 편지가 쇄도했다. 그중 한 중년 부인은 특히 모욕적인 말을 서슴지 않았는데 카네기는 그 편지를 받았을 때의 심정을 다음과 같이 유머러스하게 소개한다.

루이자 메이 알코트를 뉴기니의 식인종이라고 했어도 그 부인을 그토록 화나게 하지는 못했을 것이다. 편지를 읽으면서 나는 "하나님, 이런 여자와 결혼하지 않게 해주셔서 정말 감사드립니다" 하고 혼자 중얼거렸다.

우리도 과한 비난에 속앓이한 경험이 있을 것이다. 중요한 것은 이런 상황을 어떻게 헤쳐 나가느냐 하는 점이다.

'상대방의 생각이나 욕구에 공감하라' 원칙의 본래 뜻

앞서 소개한 카네기의 악플 일화가 어떤 결말을 맞이했는지 살펴보자. 다음은 자신의 속내를 가감 없이 드러내는 카네기의 모습이 인간적으로 다가오면서도 그의 처세에 놀라게 되는 부분이다.

> 나는 당장 그녀에게 편지를 써서 비록 내가 지명을 잘못 말했지만, 그녀는 상식에 어긋나는 더 큰 무례를 저질렀음을 말해주고 싶었다. 당장 팔을 걷어붙이고 정말 속 시원히 그녀에게 따지고 싶었지만, 그렇게 하지 않았다. 그것은 어떤 바보라도 다 할 수 있는 일이다. 바보들은 대개 그렇게 한다. 나는 바보가 되고 싶지 않았기 때문에 그녀의 적대감을 호감으로 바꾸기로 결심했다. 이것은 모험이자 일종의 게임이었다. 나는 나 자신에게 말했다.
> "내가 그녀였더라도 그렇게 했을 거야."

"나라도 그렇게 했을 거야." 이것은 데일 카네기가 깨달은 마법의 주문과도 같은 말이다. 카네기는 그 부인에게 전화해서 진심 어린 사과와 공감을 표했다. 자세한 통화 녹취록도 책에 실려 있다. 요약하면 다음과 같다.

카네기	부인, 일전에 편지를 주셔서 감사합니다.
부인	(예리하면서도 교양 있고 예의 바른 목소리로) 실례지만 누구시죠?
카네기	제 이름은 데일 카네기라고 합니다. 몇 주 전에 저의 루이자 알코트에 관한 방송을 들으셨더군요. 그때 저는 그녀가 뉴햄프셔의 콩코드에 살았다고 말하는 큰 실수를 범했습니다. 바보 같은 실수였죠. 그래서 사과드리고 싶습니다. 시간을 내어 편지를 보내주셔서 정말 감사했습니다.
부인	그런 편지를 보내서 죄송합니다. 카네기 씨, 제가 흥분했습니다. 저는 사실 매사추세츠주의 콩코드에서 태어났지요. 저의 집안은 200년 동안 매사추세츠 지방의 명문가였습니다. 그래서 저는 고향을 무척 자랑스럽게 여겨왔지요. 그런데 알코트가 뉴햄프셔의 콩코드에서 살았다는 방송을 듣고, 솔직히 기분이 나빴습니다. 그렇다고 그런 편지를 보내 정말로 부끄럽습니다.
카네기	저도 제 실수 때문에 참 속상했습니다. 다음에 제가 또 실수하면 다시 편지를 써서 지적해주셔도 됩니다.
부인	글쎄요. 아무튼 제가 한 비난을 이렇게 이해해주시니 정말 감사합니다. 선생님은 정말 멋진 분이시군요. 선생님에 대해서 더 많이 알고 싶어요.

카네기는 이 경험에서 감정을 억제함으로써 만족감을 얻었다고 기록했다. 화풀이로 그 부인에게 스쿨킬강에 뛰어내리라고 소

리치는 것보다, 상대를 이해함으로써 자신을 더 좋아하게 만든 보람을 얻었다고 언급한 대목은 카네기의 유머와 여유를 잘 보여준다.

데일 카네기의 대응 방식을 한마디로 표현하면 '나라도 그럴 것이다'이다. 이는 상대의 행동을 정당화하거나 잘했다고 평가하는 것이 아니다. 다만 그 사람의 처지와 성장 배경, 지식수준, 감정 상태를 기준으로 이해하려는 태도다.

알 카포네(미국의 마피아 조직 두목: 저자주)를 예로 들어보자. 당신이 그와 같은 몸과 기질, 그리고 정신을 이어받았다고 가정하자. 그가 겪은 환경과 경험도 모두 가졌다고 치자. 그러면 당신은 그와 똑같은 사람이 될 것이다. 알 카포네라는 사람을 만든 것은 바로 그런 것들이었기 때문이다. 이를테면 당신이 방울뱀이 아닌 이유는 부모님이 방울뱀이 아니었기 때문이다. 지금의 당신은 당신이 잘나서 된 것이 아니다. 당신에게 화를 내고 고집을 피우는 비이성적인 사람들 또한 그렇게 된 데는 충분한 이유가 있다는 점을 명심하라. 불쌍한 영혼을 가엾게 여겨라. 동정하고 이해하라.

사회생활을 하다 보면 다양한 빌런을 만난다. 그때마다 나는 카네기의 이 말에서 지혜를 얻는다. 그들의 성장 배경과 기질을 물려받지 않은 것에 감사한다. 그리고 그들을 미워하기보다는 연민의 눈으로 보려 한다. 우리 집 강아지 뭉치가 크게 짖을 때는 대개 무서움을 느낄 때다. 뭉치와 마찬가지로 빌런들 역시 억지를 부리는 것은 그들의 미숙함과 나약함을 증명할 뿐이다. 나도 그들과 같아지려는 바보짓을 할 필요는 없다. 오히려 그들을 안타깝게 여겨라. 공감은 측은지심에서 나온다. 그리고 내가 가진 모든 것은, 나의 노력으로만 된 것이 아니라는 겸손함도 필요하다. 이러한 인식이 없는 자가 빌런이 된다.

'상대방의 생각이나 욕구에 공감하라' 원칙의 실천 팁

공감은 분명 중요하다. 하지만 내 주장을 접고 무조건 상대의 요구를 받아들이라는 뜻은 아니다. 공감과 동의는 다르다. 공감의 표현과 나의 의견을 관철하는 것은 충분히 공존할 수 있다.《데일 카네기 인간관계론》에도 이와 관련한 몇 가지 사례가 소개되어 있다. 태프트 대통령은 가까운 사람에게 아들의 인사 발령을 부탁받는다. 하지만 그는 그 요청을 거절했고, 그 부모로부터 상당한 서운함과 비난이 담긴 편지를 받는다. 태프트 대통령은 진심 어린 공감을 표했지만 끝내 그 부탁을 들어주지는 않았다. 대신 최대한 예의를 갖추어 왜 그 인사가 불가능한지를 설명해주었다.

태프트 대통령이 취한 방식은 데일카네기코스에서 다루는 적극적인 소통법Assertive Communication의 좋은 예시다. 여기서 '적극적인Assertive'이란 말은 '예의를 갖추되 할 말을 다 하는'으로 설명할 수 있는데, 이것은 '공격적인aggressive'과 '수동적인passive' 사이의 균형을 이루는 상태다. 공격적인 말은 자신의 욕구를 거칠게, 있는 그대로 밀어붙이는 표현 방식이다. 대체로 권한이 있거나 우위에 있다고 생각하는 사람이 이런 태도를 보인다. 반면, 수동적인 말은 지나치게 조심스럽고 소극적으로 자신의 의견을 드러내는 방식이다. 때로는 할 말이 있어도 갈등을 피하려고 그냥 넘어가는 것이 바로 수동적인 태도다.

카네기의 저서에 언급된 제이 맹검이라는 데일카네기코스 수강생의 사례도 태프트 대통령과 마찬가지로 적극적인 소통법을 보여주는 좋은 예다. 그는 어느 유명한 호텔과 정비 계약을 맺었는데 그 지배인은 에스컬레이터 수리 시간이 2시간 이상 걸린다고 하자 이에 강한 불만을 제기했다. 수리 기사 제이 맹검은 그 지배인과 옥신각신 논쟁하는 대신 이렇게 말했다고 한다.

"호텔이 매우 바빠 에스컬레이터 수리를 최단 시간 내에 끝내고 싶어 하는 것을 잘 알고 있습니다. 그 염려를 이해하고 편의를 도모하기 위해 최선을 다하고 싶습니다. 하지만 지금 완벽하게 수리하지 않으면 앞으로 에스컬레이터가 더 자주 고장 나게 되고, 그때는 오랫동안 운행을 중지하게 될 수 있습니다. 당신이 며칠씩이나 손님들에게 불편을 주고 싶어 하지 않는다는 것을 잘 알고 있습니다."

결국 그 지배인은 8시간 동안 운행을 중지하는 편이 며칠 동안 운행을 중지하는 것보다는 낫다는 데 동의했다. 손님들을 편안하게 해주고자 하는 지배인의 욕구를 이해한 것이 문제 해결의 열쇠였다.

타인의 숨겨진 욕구를 이해하고 공감하는 일은 수많은 사람을 만나는 데일 카네기의 트레이너나 컨설턴트 역시 상당히 어려워하는 부분이다. 때로는 코스 활동에 소극적이거나 반감을 드러내는 수강생을 만나기도 하고, 고객의 무리한 요구 때문에 힘들어하기도 한다. 그런 어려움에 대해 내가 하는 조언은 한결같다. "그 사람이 그렇게 행동하는 데는 분명 이유가 있을 겁니다. 정말 아무 이유 없이 그런다면, 그건 참 불쌍할 만큼 못난 일이지요. 하지만 그럴듯한 이유가 있다면, 그건 함께 해결해볼 수 있겠네요. 당신은 그 사람이 왜 그런다고 생각하십니까?"

빌런을 만났는가? 우선 '나라도 그럴 것이다' 하며 공감을 표하자. 그리고 최대한 예의를 갖추되 할 말은 분명히 하자. 상대의 처지를 불쌍히 여기고 내가 그렇지 않음에 감사하자.

"공감은 분명 중요하다. 하지만 내 주장을 접고 무조건 상대의 요구를 받아들이라는 뜻은 아니다. 공감과 동의는 다르다. 공감의 표현과 나의 의견을 관철하는 것은 충분히 공존할 수 있다."

....

....

....

....

....

....

원칙 19

설득을 마무리하려면

보다 고매한 동기에 호소하라

Appeal to the nobler motives.

◆

《손자병법》의 제1편 〈시계〉 편에 전쟁에서 이기는 것은 '도천지장법道天地將法'에 달려 있다고 했는데, 그중 첫째가 바로 도道, 곧 명분이다. 도는 법도와 인정을 베풀어 백성이 위정자와 뜻을 같게 하는 것이라고 손자는 설명한다. 즉 헌신할 만한 대의명분이 있을 때 사람은 목숨을 걸 수 있다는 것이다. 돈만 보고 움직이는 냉혹한 용병조차 가족이나 사랑하는 사람을 구하기 위해 평소보다 몇 배의 전투력을 발휘하는 사례가 얼마나 많은가? 이런 이야기가 공감을 얻는 이유는 인간을 움직이는 동기가 단순히 돈이나 물질 그 이상의 고매한 가치임을 보여주기 때문이다.

'보다 고매한 동기에 호소하라'
원칙의 본래 뜻

데일 카네기가 말하는 '고매한 동기'란 선의, 정의, 공동체의 보존, 가족 사랑과 인류애 등 인류 보편적인 가치에 기여하고 싶은 마음을 뜻한다. 위대한 사람은 못 되더라도 이러한 가치를 외면하고 싶지 않은 마음은 누구에게나 있다. 봉사 활동을 하면서 보람을 느끼고, 사고 현장에서 사람을 구하는 이름 없는 의인의 영상에 수만 개의 '좋아요'와 칭찬 댓글이 달린다. 아이와 약자를 보호하고 싶고, 선의와 대의를 중시하는 마음은 정도의 차이가 있더라도 누구에게나 있다. 설득이나 동기부여를 통해 타인의 변화를 이끌고자 한다면, 이 고매한 동기에 호소하는 법을 알아야 한다. 가족과 아이들을 지키고 싶은 마음은 대표적인 고매한 동기에 속한다. 간단한 예로 카네기의 책에는 록펠러 주니어의 사례가 소개되어 있다.

> 존 D. 록펠러 주니어는 자녀들의 사진이 신문에 실리는 것을 막기 위해 좀 더 차원 높은 고매한 동기에 호소했다. 단순히 "그 아이들 사진을 보도하지 마시오"라고 말하지 않고 자녀들에게 상처 주고 싶지 않은 모든 이의 공통된 심정에 호소했다. "여러분도 자녀를 키우고 있어서 잘 아시겠습니다만, 아이들의 얼굴이 언론에 알려

지지 않는 것이 좋겠습니다."

존 D. 록펠러 주니어는 신문사를 협박하거나 자녀 사진을 빼주는 대가로 광고를 내주겠다고 하지 않았다. 그는 단지 어린아이와 가족을 보호하고 싶은, 인류가 공유하는 보편적 마음에 호소한 것이다. 공익적인 가치, 사회 기여와 같은 고매한 동기에 호소한 또 다른 사례도 살펴보자.

메인주 출신의 가난한 소년인 사이러스 H. K. 커티스는 〈세러데이 이브닝 포스트〉와 〈레이디스 홈 저널〉의 경영주로 백만장자가 되었다. 하지만 초창기에는 기고가들에게 다른 잡지사만큼 원고료를 지급할 수 없었다. 돈으로는 일류 작가들의 글을 실을 형편이 못되었다. 이 때문에 커티스는 좀 더 고매한 동기를 선택했다. 일례로 당시 한창 전성기였던 《작은 아씨들》의 작가 루이자 메이 알코트에게 원고를 청탁할 때, 원고료를 지급하는 대신 그녀가 가장 아끼는 자선단체 앞으로 수표를 발행하겠다고 제의함으로써 결국 승낙을 받아냈다.

루이자 메이 알코트 같은 작가가 원고료를 10퍼센트 더 받는다고 더 좋은 글을 써주겠는가? 그렇지 않다. 어쩌면 "저희가 10퍼센트 원고료를 더 드립니다" 하는 말이 오히려 실례가 될 수도 있다. 그것은 위대한 작가를 돈 몇 푼으로 글을 쓸지 말지를 좌우하는 사람 취급하는 꼴이 되고 만다.

카네기는 '보다 고매한 동기에 호소하라'는 원칙을 설명하며, 이것이 혹시 명성이 중요한 기업인이나 작가에게만 해당하는 것일지 모른다는 의문이 생길 수 있음을 인정한다. 다수의 직장인이나 학생처럼 생활에 얽매인 사람들도 고매한 명분과 동기에 설득될 수 있을까? 그렇다면 길을 가다가 만나는 자선단체의 기부 요청을 냉정하게 뿌리치는 사람들의 행동은 어떻게 이해해야 할까? 더욱이 그럴듯한 명분을 내세우지만 실제로는 음흉하기 짝이 없는 위선자들에게 실망한 사람들은, 고매한 동기에 호소하라는 카네기의 원칙에 오히려 반감을 품을지도 모른다. 이 부분에 대한 카네기의 설명을 보자.

> 당신의 말이 옳을지도 모른다. 모든 상황에 모든 사람에게 다 적용되는 방법은 없는 법이다. 만일 지금 사용하고 있는 방식에서 만족스러운 결과를 얻고 있다면, 이 원칙을 사용할 필요는 없다. 그러나 만족하지 못한다면 한번 이것을 시험해보는 것이 어떻겠는가?

강의 현장에서 카네기 원칙에 대한 의심과 의문을 종종 만난다. 그 의문이 꼭 틀린 것만은 아니다. 카네기 원칙이 모두 진리는 아니다. 인생에는 카네기의 원칙으로 해결되지 않는 문제들도 분명 존재한다. 하지만 꼭 강조하고 싶은 점이 있다. 카네기의 가르침이 무용하다고 하는 사람은 전체로 보면 극소수에 해당하고, 또한 그들이 인간관계 문제에서 카네기의 원칙보다 더 탁월한 해법을 제시하는 경우는 거의 없었다는 것이다. 중요한 점은 이 원칙을 올바로 아는 일이다.

'보다 고매한 동기에 호소하라' 원칙의 실천 팁

누군가는 이런 의문을 품을 것이다. 고매한 동기에 호소하는 것은 위선이 아닐까? 이 원칙을 제대로, 효과적으로 적용하기 위해서는 《데일 카네기 인간관계론》 전체의 구성을 살펴보아야 한다. 이 책은 크게 네 파트로 구성되어 있는데 파트1과 2는 인간관계 원칙 1번부터 9번까지, 파트3은 10번부터 21번, 파트4는 22번부터 30번까지의 원칙을 다룬다. 1번 원칙 '비난이나 비판, 불평을 하지 말라'부터 9번 원칙 '상대방에게 중요하다는 느낌이 들게 하라'는 기본적인 관계 증진에 관한 것이다. 이 원칙들은 신뢰 관계를 증진하기 위해 친밀감을 형성할 수 있는 사람이 되는 것 자체를 목적으로 한다. 1번부터 9번까지의 원칙들을 거스르는 행동을 계속하면, 즉 늘 불평하고 칭찬과 감사를 모르고 경청하지 않는

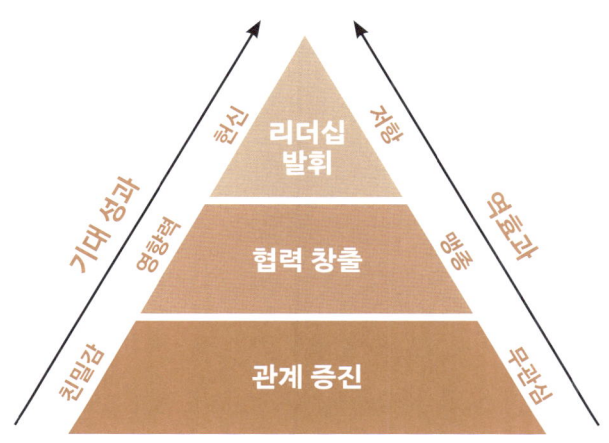

출처: 데일카네기코스 인간관계 증진 세션 공식 교안

다면, 타인에게 무관심한 사람으로 비춰지게 되고 인간관계를 개선하기는 어려워진다.

지금 다루고 있는 '고매한 동기에 호소하라'는 두 번째 부분인 협력 창출의 원칙에 속해 있다. 협력이란 누군가에게 영향을 받아 특정한 일을 자발적으로 함께하는 것이다. 그래서 협력을 얻기 위해서는 설득하는 과정이 포함된다. 설득이 아닌 힘으로 강요하면 맹종밖에 되지 않기 때문이다. 마지막 세 번째 부분은 비로소 리더십을 발휘하기 위한 원칙들의 묶음이다. 훌륭한 리더 곁에는 자발적으로 헌신하는 사람들이 모인다. 반면 능력과 비전이 부족한 리더는 결국 저항과 불만에 직면하게 된다.

데일카네기코스에서는 이것을 피라미드 모양으로 도식화해서 학습한다. 이는 전 단계의 원칙을 실천하지 않고 그다음 결과를 쌓을 수 없기 때문이다. 인간관계 원칙 30가지는 언뜻 보면 비슷비슷한 말처럼 느껴지지만, 이런 구조 속에서 바라보면 놀라운 통찰을 제공한다. 사람들은 좋아하는 사람에게는 협조하고 따르고 싶어 한다. 반대로 싫어하는 사람에게는 도움을 주고 싶지 않아 하고, 심하면 등을 돌리기까지 한다. 이것이 카네기가 말하는 인간관계와 협력 그리고 리더십의 기본 원리다.

이 피라미드 모델과 30가지 원칙은 데일카네기코스 트레이너들에게는 십계명과도 같아서 마스터들은 모든 트레이너에게 이것을 완벽히 암기하도록 가르친다. 그만큼 인간관계론에서는 중요한 부분이다.

'고매한 동기에 호소하라'는 원칙이 가식이나 위선이 아니라 실제로 효과를 발휘하려면 어떻게 해야 할까? 정답은 화법이나 기술에 있지 않다. 만약 당신이 인간관계 원칙 1번부터 9번까지를 성실히 실천해왔다면, 이 원칙 역시 놀라운 효과를 발휘할 것이다. 다른 협력 원칙들도 마찬가지다. 설득은 사실 '어떻게 하느냐'보다는 '누가 하느냐'에 달려 있다. 길을 가다가 낯선 이의 기부 권유에 선뜻 마음이 안 열릴지는 몰라도, 오랜 기간 내 말을 경청해주고 나의 가치를 알아주는 사람이 세상에 도움 되는 일을 함께하자고 한다면 과연 그 사람을 위선자라 할 수 있겠는가?

다시 새겨봅시다

"데일 카네기가 말하는 '고매한 동기'란 선의, 정의, 공동체의 보존, 가족 사랑과 인류애 등 인류 보편적인 가치에 기여하고 싶은 마음을 뜻한다. 위대한 사람은 못 되더라도 이러한 가치를 외면하고 싶지 않은 마음은 누구에게나 있다."

· 원칙 ·
20

중요한 메시지를 전하고 싶다면

당신의 생각을
극적으로 표현하라

Dramatize your ideas.

◆

대만의 한 고등학교 졸업식장에 마블의 슈퍼히어로 아이언맨이 등장했다. 화려한 조명, 웅장한 배경음악과 함께 영화 속에서 보던 철갑 슈트를 입고 나타난 사람은 다름 아닌 그 학교의 교장 선생님이었다. 아이들은 열광하고 환호했다. "자신을 믿으세요. 여러분 역시 아이언맨과 같은 영웅입니다"라고 마무리하는 짧은 연설은 아마도 학생들의 기억에 오랫동안 각인되었을 것이다. 이분은 밍다오 고등학교의 앨버트 왕 교장 선생님이다. 학생들이 가장 열광하는 캐릭터, 익숙한 문화적 아이콘을 빌려 자신의 메시지를 전달한 것이다. 때로는 극적인 쇼맨십이 우리가 전하고자 하는 말을 생생하고 분명하게 만들어준다는 사실을 잘 보여준 사례다.

'당신의 생각을 극적으로 표현하라'
원칙의 본래 뜻

'당신의 생각을 극적으로 표현하라'는 원칙의 원문은 'Dramatize your ideas'다. 직역하면 '당신의 생각을 드라마처럼 보여라'인데, 마치 영화를 찍을 때처럼 일종의 각색과 연출력을 발휘하라는 의미다. 여기서 말하는 극적이라는 것은 감각을 자극하는 표현을 뜻한다. '키가 매우 크다'라는 것은 단순한 설명이지만 '천장에 머리가 닿을 정도로 키가 크다'라고 하면 우리의 시각적 상상력을 자극한다. 카네기의 책에 소개된 한 지역 신문사의 사례를 보자.

필라델피아의 지역 신문 〈이브닝 불리틴〉은 가짜 뉴스 때문에 곤욕을 치르고 있었다. 이 신문은 기사가 거의 없고 대부분 지면이 광고로 채워져 있어서, 어차피 광고 효과가 없다는 소문이 돈 것이다. 편집부는 이에 대응하기 위해 특별한 조치를 했다. 당일 신문의 기사를 모두 삭제하고 이를 모아서 책으로 발간한 것이다. 그리고 이 책의 이름을 '하루'라고 지었는데 그 페이지가 307쪽에 달했다. 그리고 이 특집 인쇄물을 단돈 몇 센트에 판매함으로써 사람들의 관심을 끄는 데 성공했다.

사례에 소개된 〈이브닝 불리틴〉은 '우리 신문에는 유익한 콘텐츠가 많다'라는 지루한 해명 기사를 내는 대신 자사의 기사 하루 분량이 얼마나 풍부한지를 극적인 방법으로 표현했다. 하루치 기사를 307쪽에 달하는 책으로 표현함으로써 생생하고 재미있고 강렬하게 이 사실을 전달한 것이다. 극적으로 표현하기 위해 오감을 자극하는 비유적 언어, 도구나 시각 자료 등을 쓸 수도 있다. 이러한 기법은 비즈니스 현장에서 수없이 활용된다. 시식 코너에서 음식 맛을 보게 하는 것, 시제품을 고객이 직접 써보게 하는 것, 프레젠테이션할 때 청중의 관심을 사로잡을 만한 흥미로운 영상을 보여주는 등등 많은 사람이 상대를 설득하기 위해 극적인 표현을 활용한다.

카네기가 활동하던 당시에는 텔레비전이 가장 영향력 있는 미디어였다. 오늘날에는 SNS나 유튜브가 그 자리를 대신하지만, 사람들의 관심을 사로잡기 위해 극적으로 표현하려고 애쓰는 점은 같다. 카네기는 TV 광고를 통해 극적인 표현의 효과를 언급한다.

TV 광고에는 상품 판매를 위해 극적 기법을 사용한 예가 넘쳐난다. 하루만 저녁에 TV 앞에 앉아 광고에 쓰인 연출 기법을 관찰해보라. 그러면 특정 약품이 시험관 속 산성 물질을 경쟁사와는 비교가 안 될 정도로 깨끗하게 만드는 과정과, 타사 제품을 쓰면 누렇게 변하는 셔츠가 어떤 브랜드의 세제로는 얼마나 깨끗하게 세탁이 되는지 알게 될 것이다. 모 브랜드 자동차가 급커브길을 말로만 듣던 것보다 훨씬 뛰어난 성능으로 달리는 모습도 보게 될 것이다. 상품을 사용하면서 행복해하는 사람의 얼굴도 보인다. 이런 것들은 시청자에게 그 상품의 장점을 가장 효과적인 방법으로 극화시켜 보여줌으로써 사람들이 그것을 사게 만든다. 비즈니스나 일상에서도 당신의 생각을 극화시킬 수 있다. 이것은 생각보다 쉬운 일이다.

사실 최근 미디어에는 극적인 것을 넘어 자극적인 콘텐츠가 넘쳐 피로감을 주는 것도 사실이다. 클릭을 유도하기 위해 유튜브의 썸네일은 날로 진화한다. 조금만 지루해도 사용자들의 흥미를 붙잡아두기 어렵다. 사람들은 점점 더 강한 자극에 익숙해지고, 중독되어 간다. 오늘날처럼 자극적인 미디어 환경 속에서 살아가는 우리에게 카네기가 "TV 광고를 통해 극적인 표현을 배우라"고 하는 것은 다소 시대에 맞지 않는 조언처럼 들릴지도 모른다. 하지만 당시의 맥락을 고려해서 카네기가 말하고자 하는 본질을 이해할 필요는 있다.

카네기가 활발히 활동하던 시기의 미디어 환경을 한마디로 표현하면 텍스트가 영상으로 전환되는 시대라고 할 수 있다. TV의 등장은 당시 미국 사회에 엄청난 변화를 가져왔다. 그래서 새로운 매체가 사람들을 설득하는 방식에서 영감을 얻을 수 있다는 점을 카네기가 강조한 것이다. 그가 주목한 것은 극적이고 시각적인 표현이다. 오늘날 각종 SNS와 유튜브 영상, 숏폼을 살펴보

라. 어떤 콘텐츠가 대중의 흥미를 끄는지에 주목하면 사람들의 욕구와 욕망이 보인다. 짧고 강렬한 영상물에 익숙한 세대의 직원을 둔 최고경영자라면 회의 시간에 강조할 메시지 역시 짧고 강렬할수록 직원들에게 가닿을 것이다. 소위 '주작'(조작을 뜻하는 인터넷 밈)이라 불리는 가짜 콘텐츠가 사회적으로 얼마나 많은 비난을 받는지 알면, 가식과 위선보다는 솔직하고 담담한 말로 직원들과 소통하는 것이 리더의 덕목임을 깨닫게 될 것이다. 누군가에게 뭔가를 호소할 때는 내용만큼이나 그 표현 방식에도 신경을 써야 한다.

'당신의 생각을 극적으로 표현하라' 원칙의 실천 팁

미디어에는 극적인 콘텐츠가 넘쳐나지만, 우리의 일상 모습은 그렇지 못하다. 사랑과 관심의 표현, 진솔한 대화, 마음을 움직이는 소통은 오히려 줄어들고 있다. 조회 수를 끌어올리기 위해 창작자들이 쓰는 다양한 전략 중 일부를, 긍정적인 방식으로 활용할 방법은 없을까?

   사랑하는 사람에게 고백할 때가 대표적이다. '나와 함께해주겠소?'라는 제안을 상대가 기꺼이 받아들일 수 있도록 꽃, 편지,

반지, 특별한 의미가 있는 장소, 멋진 식사 등 다양한 방법으로 이 메시지에 힘을 싣는다. 극적인 표현은 여전히 유효하다. 감사한 분을 찾아뵐 때 평소 좋아하시는 먹거리를 준비해 갈 수도 있고, 기념일을 축하하기 위해 함께한 사진들을 모아 짧은 영상 편지를 만들 수도 있다. 게다가 스마트폰 애플리케이션이나 인공지능의 힘을 조금만 빌리면 그다지 어려운 일도 아니다. 극적인 표현은 카네기 원칙 중에서도 기술적인 면이 가장 두드러진 영역이지만, 그것을 효과적으로 만드는 핵심은 메시지를 전하려는 진심과 상대에 대한 배려다. 상대가 받아들이든 말든 상관없다면 아무렇게나 표현해도 되겠지만 이것만큼은 꼭 알아주면 좋겠다는 간절함이 있는 사람은 극적인 표현을 동원하는 데 주저함이 없다.

《데일 카네기 인간관계론》에는 시장조사 보고서를 작성하느라 고군분투한 데일카네기코스 수강생 제임스 보인톤의 사례가 소개되어 있다. 그는 광고계 거물을 만나 화장품 시장조사 보고서에 대해 논의해야 했다. 첫 번째 미팅에서 그는 자신의 의견을 제대로 펼쳐보지도 못했다. 하지만 두 번째 미팅에서는 달랐다. 제임스는 철저히 준비했다. 미팅이 시작되자마자 그는 시중에 판매 중인 여러 화장품 시제품을 책상 위에 쏟아놓았다. 작은 병마다 장단점을 적은 메모가 붙어 있었고, 상대는 자연스레 관심을 가지고 하나하나 살펴보지 않을 수 없었다. 약간의 쇼맨십과 극적인 효과 덕분에 제임스는 무려 한 시간 가까이 상대의 시선을 사로잡았고, 그 결과 생산적인 논의를 이끌어갈 수 있었다. 역시 중요한 것은 내 말을 전하고자 하는 간절한 마음이다. 궁하면 통하는 법이다.

상대에게 극적인 표현으로 어필할 때 중요한 마음가짐이 있다. 극적인 표현을 단순한 과장으로 이해할 수 있는데, 여기서 과장이란 실제보다 많이 부풀려 표현하는 것을 말한다. 실제보다 과장하는 사람은 사기꾼일 수 있다. 하지만 이렇게 생각해보자. 당신은 생각이나 의견을 100퍼센트 상대에게 전달하고 있는가? 많은 사람이 겪는 진짜 어려움은 내 생각을 절반도 제대로 전달하지 못한다는 데 있다. 부모라면 자녀에게, 팀장이라면 직원에게, 선생님이라면 학생에게 사랑하는 마음이나 맡은 일의 중요성 등을 100퍼센트 전달하고 있는가? 아마 그렇지 않을 것이다.

생각의 절반도 제대로 전하지 못하기에 우리는 극적인 표현의 힘을 빌려야 한다. 말로만 사랑한다고 하지 말고 꼭 안아주어야 하고, 입으로만 강조하지 말고 각종 자료와 잘 준비된 PT를 통해 프로젝트의 중요성을 알리고, 재미난 비유와 예화를 들려주면서 수학의 재미를 일깨워주기도 해야 한다. 내가 알고 믿는 바를 어떠한 수단을 쓰더라도 100퍼센트 전달하자. 극적인 표현은 그 마음에서 발현되는 것이다. 학생들이 장차 영웅이 될 수도 있다는 사실을 진심으로 전하고 싶었던 그 아이언맨 교장 선생님처럼 말이다.

다시 새겨봅시다

"미디어에는 극적인 콘텐츠가 넘쳐나지만, 우리의 일상 모습은 그렇지 못하다. 사랑과 관심의 표현, 진솔한 대화, 마음을 움직이는 소통은 오히려 줄어들고 있다. 조회 수를 끌어올리기 위해 창작자들이 쓰는 다양한 전략 중 일부를, 긍정적인 방식으로 활용할 방법은 없을까?"

....

....

....

....

....

....

• 원칙 •
21

다른 방법이 안 된다면

도전 의욕을
불러일으켜라

Throw down a challenge.

◆

만화 《슬램덩크》 속 농구 감독은 중요한 고비마다 선수들의 도전 의욕을 자극하는 말을 툭 던진다.
고교 챔피언 산왕공업고등학교와 대결을 앞두고 이길 수 없을 것이라 말하는 포인트가드 송태섭에게 감독은 말한다.
"나는 포인트가드 대결에서는 우리가 승산이 있다고 보는데, 지금에 와서 뭘 두려워하는 거죠? 스피드와 빠른 몸동작만큼은 절대 지지 않을 거로 생각하는데, 어릴 때부터 쭉 그랬잖아요. 자네가 그렇게 말하는 걸 보니 내 생각이 틀렸나 보군요."
자신감을 잃고 초조해서 화장실을 들락날락하는 3점 슈터 정대만에게는 이렇게 말한다.
"산왕의 선발 멤버를 알아봤어요. 그런데 슈팅가드만이 평소와 다르더군요. 오늘 나오는 선수는 김낙수라고 하는데, 전국에서도 알아주는 수비수라고 하더군요. 아무리 산왕이라고 해도 정대만은 두려운 모양인가 봐요."
만화 속 등장인물들이 이런 말을 듣고 전의를 불태울 때 독자들도 마음속에 뜨거운 뭔가가 올라오는 것을 느꼈으리라. 이런 일은 만화 속에서만 가능한 일일까?

'도전 의욕을 불러일으켜라'
원칙의 본래 뜻

데일 카네기는 링컨이나 루스벨트 같은 훌륭한 대통령의 리더십을 연구한 것으로도 유명하다. 카네기는 루스벨트가 대통령이 될 수 있었던 계기를 그의 도전 의욕이 자극받은 일화에서 찾는다. 당시 시어도어 루스벨트는 쿠바 산후안 고지 전투를 승리로 이끌어 국민적 영웅으로 떠올랐다.

> 쿠바에서 막 귀국한 루스벨트는 뉴욕주 주지사로 선출되었다. 그러나 반대파는 루스벨트의 거주 요건을 문제 삼아 거세게 반발하였다. 논란에 지친 루스벨트는 사퇴를 고심했다. 그러자 당시 뉴욕 출신의 상원의원이던 토머스 콜리어 플래트가 루스벨트에게 호통을 쳤다. 그는 시어도어 루스벨트에게 항변하듯 떨리는 목소리로 이렇게 말했다.
> "산후안 언덕의 영웅이 갑자기 겁쟁이가 되었단 말인가?"

데일 카네기는 루스벨트를 자극한 이 한마디가 한 사람의 생애를 바꾼 동시에 미국의 역사에도 중대한 영향을 끼쳤다고 강조한다.

사람의 도전 의욕을 자극하는 또 다른 사례가 있다. 카네기는 싱싱 교도소라는 악명 높은 교도소에 관한 에피소드를 소개하는데, 간단히 정리하면 이렇다. 싱싱 교도소는 각종 추문과 사건 사고로 모든 교도소장이 부임을 꺼리는 곳이었다. 주지사는 그 교도소를 제대로 맡아줄 강력한 리더십을 가진 사람을 찾는 데 어려움을 겪었다. 그는 뉴햄프턴 출신인 루이스 로즈를 적임자로 판단하고 교도소장직을 부탁했으나 로즈 역시 선뜻 수용하기 어려운 제안이었다. 싱싱 교도소는 워낙 위험한 곳이어서 제대로 임기를 채운 사람이 없었기 때문이다. 답변을 망설이는 로즈에게 주지사는 가볍게 웃으며 말했다.

"여보게, 자네가 겁먹는다고 책망할 생각은 없네. 위험한 곳이니까. 그런 곳에는 정말 대단한 사람만 갈 수 있지."

데일 카네기는 주지사의 이 말이 로즈에게 도전 정신을 심었다고 설명한다. 로즈는 '대단한 사람을 필요로 하는 직업을 가져보는 것'도 좋겠다고 생각했다. 로즈는 이 결심을 통해 인생의 전환기를 맞이한다. 교도소장으로 근무하던 경험을 책으로 엮은 《싱싱에서의 2만 년20,000 years in singsing》은 수십만 부 판매기록을 세웠고, 그가 발휘한 리더십에 교화된 죄수들의 이야기와 각종 경험담이 영화로 제작되기도 했다.

도전 의욕을 불러일으키라는 원칙은 지금까지 우리가 다룬 카네기 인간관계 원칙들과는 다소 느낌이 다르다. 다른 원칙들이 우호적이고 온화한 방식의 언어로 표현된다면, 이것은 다소 거칠고 도전적이다. 비난이나 비판을 하지 말라는 카네기의 제1원칙과 다소 배치되는 것처럼 보여 의아하게 느껴질 수도 있다. 그래서 이 원칙은 신중하게 적용해야 하며, 카네기 자신도 다른 방법들이 통하지 않을 때만 조심해서 사용하라고 주석을 달아두었다.

'도전 의욕을 불러일으켜라' 원칙의 실천 팁

비난은 상대에게 문제가 있다는 인식을 전제로 한다. 하지만 도전 의욕을 자극하는 것은 상대의 잠재력을 믿을 때만 가능하다. 둘은 명백히 다르다. "너는 지금보다 더 뛰어날 수 있어. 나는 그것을 믿어. 지금 보이는 너의 모습은 진짜 네 모습이 아니야"라고 확신 있게 말할 수 있을 때 이 원칙을 올바르게 적용할 수 있다. 앤드루 카네기에게 당시 100만 달러의 연봉을 받으며 카네기 철강소를 이끈 전설적인 경영자 찰스 슈왑은 이를 잘 알고 있었다. 《데일 카네기 인간관계론》에는 찰스 슈왑에 관한 일화가 많이 소개되어 있는데 다음은 그중 가장 유명한 이야기다.

> 찰스 슈왑이 담당한 공장 중 실적이 저조한 곳이 있었다. 슈왑은 공장장에게 물었다.

"공장장님은 상당히 유능한 분이신데, 의외로 실적이 저조한 이유가 뭔가요?"

"저도 그걸 잘 모르겠습니다. 좋은 말로 달래보기도 하고 해고하겠다고 으름장도 놓아보았는데 도통 소용이 없네요. 일할 의욕이 없는 것 같아요."

공장장이 대답했다. 야간 근무조 교대 시간까지 이런 대화가 밤늦게 이어졌다. 그러다 슈왑은 분필 한 개를 달라고 하더니 가까이 있는 종업원에게 물었다.

"오늘 용해 작업을 몇 번이나 했나요?"

"여섯 번입니다."

그러자 슈왑은 조용히 바닥에 '6'이라는 숫자를 크게 쓴 다음 나가버렸다. 야간 근무조가 들어와서 '6'이라는 글씨를 보더니 무슨 뜻이냐고 물었다.

"오늘 사장님이 여기를 다녀가셨어요. 용해 작업을 몇 번 했느냐고 물으시길래 여섯 번 했다고 말씀드렸더니 저렇게 써놓으셨네요."

주간 근무 담당자가 대답했다. 다음 날 아침 슈왑이 다시 공장에 모습을 보였을 때, 야간 근무조는 '6'을 지워버리고 대신 그 자리에 크게 '7'이라고 써놓았다. 다음 날 아침 주간 근무조는 바닥에 쓰인 '7'이라는 글씨를 보았다. 아니, 야간 근무조가 주간 근무조보다 일을 더 많이 했단 말인가? 주간 근무조는 야간 근무조에게 뭔가 보여주겠다는 생각으로 열심히 일했다. 그리고 '10'이라고 적어놓고 퇴근했다. 항상 생산량이 뒤져 있던 이 공장은 그 뒤 얼마 안 가 다른 공장보다 더 많은 상품을 생산해냈다. 어떻게 이것이 가능했을까? 찰스 슈왑의 말을 그대로 옮기면 다음과 같다.

"그것은 경쟁심을 자극하는 방법입니다. 단순히 돈벌이에 급급한 경쟁이 아니라 남보다 뛰어나고 싶은 욕구에 호소하는 것입니다."

남보다 뛰어나고 싶은 욕구! 도전 정신을 자극하는 것. 이것이 발전하고자 하는 열망을 가진 사람들에게 호소할 수 있는 절대적인 방법이다.

미국 심리학자 허즈버그Frederick Herzberg의 동기부여 이론은 오늘날에도 인사조직 분야에서 중요한 가르침을 전하며 자주 언급된다. 데일 카네기 역시 저서에서 허즈버그의 연구를 인용하면서 이 원칙을 설명한다.

허즈버그는 생산직 노동자부터 최고경영자에 이르기까지 여러 사람의 근무 태도에 관해 깊이 연구했다. 당신은 허즈버그가 발견한 동기부여의 가장 큰 요인이 무엇이라 생각하는가? 일에 있어서 가장 보람을 주는 요소가 무엇일까? 돈? 좋은 근무 여건? 보너스? 그러나 가장 중요한 것은 이런 것들이 아니었다. 사람들의 동기를 유발하는 가장 주된 요인은 일 '그 자체'였다. 일이 신나고 재미있으면 그 일을 기대한다. 더 잘하고 싶은 동기도 생긴다. 성공한 사람들이 모두 좋아하는 것이 있다면 그것은 일 자체이며 자기표현의 기회다. 사람들은 자신의 가치를 증명하는 것, 남들보다 뛰어나고 싶은 것, 그리고 승리의 기회를 가지는 것을 좋아한다.

많은 직장인이 자신이 하는 일에서 보람과 재미를 느끼지 못한다고 말한다. 물론 일을 재미로 하는 것은 아니다. 하지만 냉정하게 말하면 잘하지 못하는 일은 재미없다. 어렵기만 하고, 자꾸 틀리고, 그것 때문에 눈치 보이는 일을 좋아할 사람이 누가 있겠는가? 반면 탁월하게 할 수 있고, 그것 때문에 인정도 받는다면 그 일을 싫어할 이유가 없다. 일에서 재미와 보람을 느끼려면 숙련의 과정이 필수적이다. 성취에 대한 도전 의욕은 승리할 가능성이 조금이라도 있을 때 느낄 수 있다. 그렇다면 리더의 역할은 분명하다. 도전 의욕을 일깨워라. 잘하도록 훈련하고, 잘하고 싶은 마음을 자극하라. 실수를 나무라더라도 "너는 이것도 못 해?"가 아니라 "잘할 수 있는 사람인데 의외네?"라고 말해보라. 이 둘의 차이는 엄청나다. 단, 그 사람의 가능성을 믿는 마음이 없다면 소용없다. 기억하자. 스트라이크를 던지고 싶지 않은 투수는 없다.

다시 새겨봅시다

"비난은 상대에게 문제가 있다는 인식을 전제로 한다. 하지만 도전 의욕을 자극하는 것은 상대의 잠재력을 믿을 때만 가능하다. 둘은 명백히 다르다."

Carnegie
Master
Edition

Part 4

리더십과 영향력에 관한 9가지 원칙

· 원칙 ·
22

문제를 언급하려면

칭찬과 감사의 말로
시작하라

Begin with praise and honest appreciation.

◆

"싫은 소리를 하는 게 너무 힘들어요."
리더십 강좌를 진행하다 보면 심심치 않게 마주치는 유형이 있다. 바로 하드 톡Hard Talk을 어려워하는 리더들이다. 하드 톡은 실수를 지적하거나 민감한 문제점을 언급하는 것으로, 때로 상대가 듣기 불편하거나 거북할 수 있는 직설적인 피드백을 주는 대화를 뜻한다. 힘들어하는 이유는 다양하다. 성격적으로 갈등을 회피하는 유형일 수도 있고, 혹시라도 상대를 기분 나쁘게 했다가 역풍을 맞을까 봐 두려워하는 유형일 수도 있다. 어떤 리더들은 마음이 상해 팀원이 퇴사하겠다고 으름장을 놓을지 모른다는 걱정에 차마 입을 열지 못하기도 한다. 그러나 시작이 반이라고 하지 않던가. 하드 톡이 어려운 사람들도 일단 대화를 시작하면 생각보다 피드백을 잘하는 사람이 될 수 있다. 다행히 인간관계의 대가 데일 카네기가 이 부분 역시 오래전에 그 방법을 잘 정리해두었기 때문이다.

'칭찬과 감사의 말로 시작하라'
원칙의 본래 뜻

면도할 때는 먼저 거품을 바른다. 이를 뽑을 때는 마취를 한다. 쓴 약을 싫어하는 아이에게는 사탕을 주면서 한약을 먹게 한다. 피드백에서도 같은 원리가 적용된다. 부담 없이 피드백을 받아들이도록 칭찬과 감사의 말이 바로 면도 거품과 마취제와 사탕의 역할을 한다. 실수나 잘못을 언급하는 일은 말하는 사람에게도, 듣는 사람에게도 결코 유쾌하지 않다. 그러나 칭찬과 감사의 말은 그 불편함을 완화시킨다. 더 나아가 곧 이어질 피드백이나 요청을 상대가 받아들일 가능성도 훨씬 높여준다. 중요한 것은, 이 방법을 제대로 활용하는 것이다.

케네스 토마스Kenneth Thomas와 랠프 킬만Ralph Kilmann은 함께 토마스-킬만 갈등 대응 모형Thomas-Kilmann Conflict Mode Instrument, TKI을 고안했다. 본격적으로 원칙을 알아보기 전에 이 모델을 참조해서 싫은 소리를 하는 몇 가지 유형을 정리해보자. 다음은 누구나 할 수 있는 것들이다.

첫째, 그냥 화를 내는 방법이다. 상대방이 마음에 들지 않거나 불쾌한 행동을 했을 때, 감정을 그대로 드러내며 불만을 쏟아내는 것은 어쩌면 가장 쉽고 본능적인 반응일지도 모른다. 하지만 대개 좋은 결과로 이어지지 않는다. 둘째, 모른 척 넘어가는 것이다. 이것도 누구나 할 수 있다. 그러나 회피하면 당장은 불편한 일이 생기는 것을 피할 수 있지만 결국 해결된 것은 없다. 셋째, 상대에게 양보하고 맞춰주는 것이다. 마음에 들지 않는 보고서를 받고도 잘했다고 칭찬한 뒤 혼자 밤새 수정할 의향이 있다면 한번 해보라. 직장이 일이 아니라 인격 수양을 위한 곳이라 생각한다면 이것도 방법이다.

물론 이와 같은 방법들이 아주 가끔은 유효할 때도 있다. 살다 보면 알고도 넘어가야 할 일도 있는 법이다. 하지만 일을 잘하는 팀장이 되고 싶다면, 아이를 잘 키우는 부모가 되고자 한다면, 지금 있는 자리에서 책임감 있는 리더가 되고 싶다면 다른 방법을 알아야 한다. 그것이 바로 '칭찬과 감사의 말로 시작하라'는 카네기의 원칙이다. 카네기는 링컨의 편지를 인용하면서 이 원칙을 설명한다. 당시 후커 장군은 성급하고 독단적인 판단으로 작전에 실패하고 링컨에게 막대한 실망을 안겼다. 격노한 링컨은 그를 질책하지도, 모른 척하지도 않았다. 그 대신 후커 장군에게 다음과 같은 편지를 보냈다.

나는 귀관을 포토맥 전선 부대의 지휘관으로 임명했습니다. 물론 나는 확신을 가지고 그 결정을 했지만, 귀관에게 만족을 느끼지 못하는 몇 가지 일들이 있다는 것을 생각해주었으면 합니다. 나는 귀관이 용감하고 지략을 갖춘 군인이라고 믿고 있습니다. 귀관은 군인으로서 임무를 수행하는 데 정치적 판단으로 일을 그르칠 사람은 아니라고 생각합니다. 귀관은 자신감이 있습니다. 그것은 소중한 것입니다. 또한 야심과 의욕도 갖고 있습니다. 정도를 넘지 않는 한 좋은 일입니다. 그러나 번사이드 장군의 지휘하에 있는 동안 귀관은 지나치게 야심에 사로잡혀 명령에 불복하고 독자적으로 행동하였습니다. 이것은 국가에 큰 공훈을 쌓은 상관의 명예를 실추시키는 중대한 과실입니다. (…) 나는 될 수 있는 한 귀관을 도와 이와 같은 사태의 재발을 막으려 합니다. 명령에 불복하는 풍조가 만연하면 나폴레옹이 부활해서 우리 군을 지휘한다 해도 결코 우수한 군대가 될 수 없기 때문입니다. 그러니 경솔한 언동은 삼가십시오. 경거망동은 삼가고 전심전력을 다하여 우리에게 승리를 안겨주기를 부탁하는 바입니다.

데일 카네기는 링컨의 편지에서 "귀관에게 만족을 느끼지 못하는 몇 가지 일들이 있다"라는 표현에 극찬을 아끼지 않는다. 상대를 감정적으로 자극하지 않으면서도 실수를 자연스럽게 언급할 수 있는, 지혜와 위트가 넘치는 표현이라 할 수 있다. 링컨은 본격적인 피드백을 시작하면서 먼저 후커 장군의 자신감과 열정을 높이 평가했다. 이는 칭찬과 감사의 말로 대화를 시작하라는 카네기의 원칙을 그대로 실천한 사례였다. 임무를 실패한 후커 장군은 아마도 링컨 대통령의 편지를 받는 순간, 그 내용이 무엇일지 직감했을 것이다. 자신을 질책하는 내용이 분명할 텐데, 그는 과연 그 편지를 끝까지 주의 깊게 읽고 싶었을까? 하지만 편지 속 칭찬과 감사의 문구를 마주하는 순간, 자신도 모르게 마음이 조금씩 열리며 자연스럽게 다음 글귀를 읽어 내려갔을 것이다.

'칭찬과 감사의 말로 시작하라'는 원칙에서 특히 주의할 점은, 이 방법이 피드백이 필요한 상황에서 효과적으로 사용되도록 고안되었다는 점이다. 단순한 예의 표현이 아니라, 칭찬과 감사의 말로 '시작하라'는 것이 핵심이다. 여기서 칭찬은 결론이 아니라, 피드백을 제대로 하기 위한 과정이다. 본문에서 링컨은 "경솔한 언동은 삼가십시오"라고 분명하게 지시 사항을 전달한다. 이 점을 잊으면 안 된다. 칭찬과 감사의 말로 시작하되, 분명하고 구체적으로 개선 사항을 언급하고, 다시 지지와 격려를 보내는 것이 건설적인 피드백의 정석이라 할 수 있다.

'칭찬과 감사의 말로 시작하라' 원칙의 실천 팁

실제로 이 원칙을 적용할 때 마주하는 2가지 어려움이 있다. 바로 감정과 가식의 문제다. 일단 하드 톡을 할 만한 상황이라면 내 감정이 좋을 리가 없다. 차분하고 냉정해져야만 이 원칙을 적용할 수 있다. 달리 보면, 화가 난다는 것은 그나마 상대에게 기대가 있음을 방증한다. 이럴 줄 몰랐는데 그런 일이 일어났으니 화가 나는 것이다. 진심으로 포기한 사람에게는 화조차 나지 않는다. '그럼 그렇지' 하는 냉소와 무감각이 남을 뿐이다. 분노와 냉소 사이 어딘가로 내 감정이 자리 잡을 때까지 약간의 여유가 필요하다. 피드백은 최대한 적시에 하는 것이 좋지만, 잠깐 머리 식힐 시간은 허용된다. "여기서 내가 화를 내서 얻을 것은 무엇인가?"라고 자문해보면서 10분 정도 산책을 하거나, 혼자 심호흡을 하거나, 달콤한 초콜릿이라도 먹으며 마음을 정리하라. 또한 내가 하고 싶은 말의 목적을 분명히 해야 한다. 단순히 말을 내뱉는 것이 아니라, 내 말이 상대에게 전달되고 이해되도록 하는 것이 중요하다는 점을 잊지 마라.

두 번째 어려움은, '칭찬과 감사의 말로 시작하라'고 해도 정작 잘못한 사람에게 무엇을 칭찬해야 할지 막막해진다는 점이다. 링컨의 편지를 참조해보자. 링컨은 후커 장군의 어떤 점을 칭찬했는가? 자신감과 의욕, 야심 이런 것들이다. 링컨은 왜 이 점들을 언급했을까?

단점은 결핍이라기보다는 일종의 과잉이다. 실수가 잦다는 건 주의력 부족이 아니라 속도가 너무 빨라서일 수도 있다. 검소함이 지나치면 인색하게 되고, 열정이 너무 강하면 타인에게 부담을 줄 수도 있다. 과유불급過猶不及이라고 하지 않던가? 후커 장군은 자신감과 의욕이 지나쳤다. 이런 성향이 도를 넘으면 독단으로 흐를 수 있지만, 본래 자신감과 의욕은 결코 나쁜 것이 아니며 오히려 장점이 될 수 있다. 따라서 충분히 칭찬의 대상이 될 수 있다. 이 점에서 힌트를 얻는다면, 진정성과 스킬을 동시에 살린 훌륭한 피드백을 해낼 수 있다.

"김 대리가 일을 꼼꼼하게 하는 것을 잘 알고 있어요. 그건 좋은 점이죠. 다만 때로는 속도가 중요할 때가 있어요. 이 점을 오늘 이야기하려고 합니다." "○○님은 열정적인 사람이라고 생각해요. 책임감도 강하죠. 그 점을 늘 좋게 생각하고 있어요. 그런데 이것이 지나치면 타인을 쉽게 판단하고 비난하게 될 수도 있습니다. 얼마 전에 영업팀 A와 다툼이 있었는데…" 이렇게 피드백을 시작하는 사람의 말을 처음부터 거부하기란 쉽지 않다.

피드백의 목적은 상대를 비난하는 것이 아니라 문제를 바로잡고 개선하기 위함이다. 미안해할 필요 없이, 솔직하게 피드백해도 된다는 자신감을 가져라. 그리고 상대의 행동이 어떤 장점이 지나쳐서인지 한번 생각해보고, 그 점에 대해 칭찬과 감사의 말로 시작해보라. 이러한 피드백은 관계를 해치지 않고 오히려 강화한다. 이렇게 시작하는 피드백을 들어본 적이 있는가? 아마 드물었을 것이다. 그만큼 값진 말이다. 값진 말로 시작하면 끝맺음도 좋을 수밖에 없다.

다시 새겨봅시다

"면도할 때는 먼저 거품을 바른다. 이를 뽑을 때는 마취를 한다. 쓴 약을 싫어하는 아이에게는 사탕을 주면서 한약을 먹게 한다. 피드백에서도 같은 원리가 적용된다. 부담 없이 피드백을 받아들이도록 칭찬과 감사의 말이 바로 면도 거품과 마취제와 사탕의 역할을 한다."

· 원칙 ·
23

뉘우치게 하고 싶다면

잘못을 간접적으로 알게 하라

Call attention to people's mistakes indirectly.

◆

사람들은 대체로 방어 심리 때문에 조언을 쉽게 받아들이지 못한다. 마치 손목을 잡아끌어 차 사고에서 구해주려는데, 정작 손목이 아프다며 불평하는 것과 같다. 그리고 변명을 늘어놓기도 한다. 데일 카네기도 이 점을 너무 잘 알았기 때문에 인간관계의 제1원칙을 비난이나 비판, 불평을 하지 말라고 한 것이다. 비난으로는 절대 그 사람의 잘못을 고칠 수 없다. 하지만 분명 잘못이 보이고, 그를 도와주고 싶은 마음이 든다면 어떻게 해야 할까? 그 답을 카네기의 인간관계 원칙에서 찾아보자.

'잘못을 간접적으로 알게 하라' 원칙의 본래 뜻

1887년 3월 8일, 뛰어난 설교가 헨리 워드 비처가 세상을 떠났다. 그다음 월요일 아침, 비처의 빈 설교대를 대신해 연설해달라는 부탁이 라이먼 애보트에게 전해졌다. 그는 최선을 다하고 싶다는 생각에 프랑스 소설가 플로베르처럼 지나치게 신중하게 설교문을 쓰고 지우고 다시 쓰는 일을 반복했다. 그리고 완성된 글을 아내에게 읽어주었다. 그러나 설교를 위해 쓴 원고 대부분이 그렇듯, 그 글도 듣기에는 형편없었다.

만약 그의 아내가 사려 깊지 못한 사람이었다면 이렇게 말했을지도 모른다.

"여보, 정말 별로예요. 이러면 안 돼요. 사람들 다 졸 거예요. 마치 백과사전을 읽는 것 같잖아요. 몇 년 동안 설교했는데 아직도 이 수준이라니. 제발 사람 말처럼 자연스럽게 좀 해요. 이런 식으로 읽으면 망신만 당할 거예요."

사실 그녀가 이렇게 말했더라도 전혀 기상하지 않았을 것이다. 하지만 그런 말이 남편에게 어떤 결과를 불러올지 그녀는 잘 알고 있었다. 그래서 대신 이렇게 말했다. 남편의 글은 〈노스 아메리칸 리뷰〉에 실린다면 훌륭한 논문이 되겠지만, 연설문으로는 적절하지 않을 것 같다고. 다시 말해 칭찬을 하면서도 부드럽게 연설문에 맞지 않음을 암시한 것이다.

라이먼 애보트는 아내의 말을 이해했고, 오랫동안 준비해온 원고를 찢어버린 뒤 노트도 없이 연설에 나섰다. 다른 사람의 실수를 효과적으로 바로잡는 방법은, 잘못을 직접적으로 지적하기보다 간접적으로 깨닫게 하는 데 있다는 사실을 보여주는 사례다.

아마도 《데일 카네기 인간관계론》 독자들에게 가장 많이 오해받는 부분이 있다면 23번 원칙 '잘못을 간접적으로 알게 하라'일 것이다. 데일카네기트레이닝에서 리더십이나 인간관계에 관한 수업을 진행하다 보면, 사람들 중에는 카네기의 가르침을 '무조건 타인에게 호의를 베풀고 좋은 말만 하라'는 의미로 받아들이는 경우가 있지 않을까 염려될 때가 있다. 그러나 이것은 카네기가 의도한 바가 아니다. 앞서 소개한 라이먼 애보트의 일화에서도 우리가 주목해야 할 핵심은 바로 그 지점이다.

"라이먼 애보트는 그 뜻을 이해하고 열심히 준비해온 연설문을 찢어버리고 노트도 사용하지 않은 채 연설을 했다"라는 문장을 보자. "그 뜻을 이해하고"가 카네기가 말하고자 한 핵심이다. 라이먼 애보트는 자신의 글이 논문으로서는 적절할지 몰라도 연설문으로는 적합하지 않다는 점을 이해했는데, 이는 아내의 간접화법 덕분이었다. 애보트의 아내는 기분 나쁘지 않게 조언하는 탁월한 지혜를 가진 사람이었다. 만약 직접적으로 연설문을 고치라고 말했다면, 애보트는 끝내 자신의 잘못을 받아들이지 않고 장황하고 어려운 말로 쓰인 기존의 연설문을 읽어 내려갔을 것이며, 정말로 망신당했을지도 모른다.

그렇다면 애보트는 어떻게 아내의 말에서 자신의 잘못을 깨달을 수 있었을까? 그것은 바로 마음이 상하지 않았기 때문이다. 감정이 상하면 이성적으로 판단하기가 어렵다. 사람들의 방어기제는 생각보다 강력하다. 공격당할수록 방어기제는 더욱 견고해진다. 그래서 지적받으면 변명부터 하게 된다. 자기 잘못을 인정하는 것은 생각보다 높은 자존감이 필요한 일이다. 잘못을 들었다고 해서 그 잘못을 알게 되는 것은 아니다. 심지어 호되게 혼이 나서 그 앞에서는 잘못을 고치는 시늉을 하더라도 속으로는 인정하지 않는다. 그것이 사람이다. 상한 감정은 자기 인식의 문을 닫지만, 배려가 담긴 말은 상대방에게 자신을 돌아보게 하는 열쇠가 된다.

'잘못을 간접적으로 알게 하라'는 원칙에서 '간접적으로'라는 단어에 집중하면 이 원칙을 잘못 해석하게 된다. '간접적으로'는 수식어다. 이 문장의 본래 뜻은 '잘못을 알게 하라'다. 우리가 집중해야 할 단어는 '알게 하라'다. '잘못을 언급하라'도 아니고 '간접적으로 두루뭉술하게 말하라'도 아니다. 이 원칙의 핵심은 잘못을 깨닫게 하는 데 있다. 그런데 잘못을 알게 하려 할수록 직접적인 지적이나 비난은 오히려 효과가 없다. 대신 질문이나 사례를 통해 스스로 깨닫도록 이끌어야 한다. 다시 말해, 이 원칙을 풀어 쓰면 다음과 같다.

상대방이 무엇을 잘못했는지 말하는 것은 누구나 할 수 있다. 그러나 내가 잘못을 말하는 것과 상대가 잘못을 깨닫는 것은 별개의 문제다. 우리가 해야 할 일은 단순히 잘못을 언급하는 것이 아니라 상대방이 그것을 깨닫고 받아들이게 하는 것이다. 깨달음을 위해서는 좋은 질문이 필요하다. 때로는 칭찬도 필요하다. 그리고 그 잘못을 고치는 것이 왜 중요한지 적절한 사례가 필요할 수도 있다. 그것이 간접적인 방법이다. 잘못을 알게 하라. 이것이 우선이다. 그리고 잘못을 알게 하기 위해서는 질문, 칭찬 혹은 사례 제시라는 간접적인 방법을 사용해보라.

'잘못을 간접적으로 알게 하라' 원칙의 실천 팁

잘못을 깨닫게 하는 간접적인 방법 중 하나는 질문이다.

"이것은 다른 사람의 눈에는 어떻게 보일까요?"

"혹시 당신의 의견에 예상되는 반대는 무엇일까요?"

이처럼 제삼자의 시선에서 자신의 말과 행동을 돌아보게 하는 질문은, 스스로 부족한 점을 자연스럽게 인식하도록 돕는다. 오늘날 조직에서 수많은 리더가 배우고 있는 코칭 스킬은 질문을 통해서 개선안을 스스로 찾아가게 만드는 데 중점을 둔다. 카네기 원칙의 현대적인 적용 기법이라 할 수 있다.

사례 제시도 좋은 방법이다. 그 사람의 잘못을 깨닫게 할 만한 이야기 한 토막을 찾아보는 것이다. 내가 데일카네기코리아에서 신입 사원으로 일할 때 일이다. 당시 나는 매주 저녁 시간에 진행되는 데일카네기코스의 보조 강사 역할을 맡고 있었다. 다음 날 아침 일찍 지방 출장이 있어서 저녁 수업에 참석하는 것이 부담스러웠다. 담당 강사에게 "내일 아침 일찍 출장이 있어서요, 혹시 오늘 저녁 수업 진행에서 좀 빠져도 될까요?"라고 물었다. 그러자 강사는 "홍헌영 씨, 아침 출장 때문에 부담이 좀 되겠군요. 이해합니다. 우리 수업에 매주 참석하시는 김철수(가명) 씨 아시죠? 그분은 이 수업을 듣기 위해서 매주 전주에서 서울로 3시간 넘게 버스를 타고 오시는 것으로 알고 있습니다. 그렇게 멀리서 수업에 참석하러 오시는 수강생이 있는데 과정을 진행하는 우리가 다음 날 일정이 부담된다는 이유로 빠진다면, 우리는 어떤 모습으로 비쳐질까요? 출장 이후에 쉬는 시간을 보장해드릴 테니 무리가 되더라도 수업에 빠지지 않는 게 좋겠습니다"라고 답했다. 다른 수강생의 사례를 언급하는 간접적인 말을 통해 내 잘못을 깨닫게 해주었다.

거의 20년 전 일인데도 나는 이 말을 들었던 일이 아직도 생생하다. 그리고 보조 강사라고 해도 수업에 빠지지 않는 것이 얼마나 중요한 일인지 그때 정확히 알게 되었다. 만약 그 강사님이 "수업에 빠지면 안 되지, 출장도 중요하지만 수업에 빠진다니, 신입사원이 그러면 되겠어요?"라고 혼을 냈다면 나는 아마 마지못해 수업에 참석했을지는 몰라도 내가 무엇을 잘못 생각했는지는 끝내 깨닫지 못했을 것이다. 반대로 그분이 "출장 다니면 피곤할 텐데… 그래요, 오늘은 일찍 들어가세요"라고 나에게 듣기 좋은 말만 했다면 또 어땠을까? 그 역시 내 기분은 좋았을지 몰라도 강사로서 책임감을 배우는 기회는 놓쳤을 것이다.

    잘못이 있다면 그것을 알게 해주자. 상대방이 나에게 소중한 사람이라면 더욱 그렇게 하자. 조금만 지혜를 발휘해 질문이나 사례 제시와 같은 간접적인 방법을 사용해보자. 그것이 잘못을 효과적으로 깨닫게 하는 길이기 때문이다. 인간관계 원칙의 올바른 적용은 단지 좋은 이미지를 유지하기 위한 가면을 쓰는 일이 아니다. 진심 어린 배려와 따뜻한 조언으로 상대가 자신의 잘못을 스스로 깨닫도록 돕는 리더, 바로 그런 사람이 카네기가 말한 인간관계 원칙을 실천하는 사람이다.

다시 새겨봅시다

"상대방이 무엇을 잘못했는지 말하는 것은 누구나 할 수 있다. 그러나 내가 잘못을 말하는 것과 상대가 잘못을 깨닫는 것은 별개의 문제다. 우리가 해야 할 일은 단순히 잘못을 언급하는 것이 아니라 상대방이 그것을 깨닫고 받아들이게 하는 것이다."

· 원칙 ·
24

신뢰를 원한다면

상대방을 비평하기 전에
자신의 잘못을 먼저 인정하라

Talk about your own mistakes before criticizing
the other person.

◆

야단치기는 참 쉽다. 논리만 있으면 누구나 지적할 수 있다. 그런데 왜 누군가의 말은 마음에 여운을 남기고, 다른 누군가의 말은 마음을 닫게 만들까? 실수는 누구나 할 수 있다. 우리는 종종 관중석에 앉아 야유를 보내며 그 실수를 지적하려 든다. 하지만 말이 진정 먹히는 순간은 경기장 밖 관중석이 아니라, 우리가 운동화 끈을 묶고 함께 운동장에 들어섰을 때다.
"나도 그 장면에서 똑같이 넘어졌어. 그런데 그다음에 이렇게 해보니까 조금 달라지더라."
이런 말은 심판의 채찍이 아니라 동료 선수의 격려처럼 다가온다. 상대의 실수를 탓하지 않고, 함께 겪었던 실패를 떠올릴 때 비로소 변화가 시작된다.

'상대방을 비평하기 전에 자신의 잘못을 먼저 인정하라' 원칙의 본래 뜻

이 원칙의 핵심은 '공감에 기반한 피드백'이다. 상대를 고치려 하기 전에, 나 또한 완벽하지 않다는 사실을 밝히는 것이다. 말하자면 비판이 아니라 경험을 공유하며 접근하는 피드백 방식이다. 데일 카네기는 코스에 참석한 한 관리자의 사례를 소개한다. 그는 캐나다 매니토바의 브랜던에 거주하는 기술자 딜리스톤이다. 신입 사원이 편지와 문서에 자주 오타를 반복하는 것 때문에 그는 골머리가 아팠다. 데일카네기코스에서 이 원칙을 학습한 딜리스톤은 다음과 같이 문제를 해결한다.

"저도 영어를 잘하지 못했고 철자도 정확하지 못했습니다. 그래서 몇 년 동안 저는 잘 틀리는 철자만 모아놓은 까만색의 조그만 색인 사전을 가지고 다녔습니다. 직원에게 틀린 것을 지적한다 해도 그녀가 사전을 찾아가면서 교정을 잘할 거라는 보장도 없고 해서, 다른 방법을 써보기로 했습니다. 다음번 문서에도 오타가 난 것을 보고, 저는 그녀에게 티타임을 하며 이렇게 말했습니다. '이 글자는 틀린 것 같은데 나도 항상 잘못 썼던 단어예요. 그래서 이 사전을 갖게 되었죠. (사전을 찾아 펴 보이면서) 맞아. 여기 있네요. 고객들은 문서의 완성도와 오타를 보고 우리를 판단하는 사람들이 많죠.

그 사람들은 우리가 프로답지 못하고 직업의식이 부족하다고 여길 거예요. 그래서 나는 올바른 철자 표기에 무척 신경을 쓰는 편이죠.' 그녀가 내 방식대로 따라 했는지는 모르겠지만 그 이후부터는 문서에서 오타가 눈에 띄게 줄어들더라고요."

사례에서 딜리스톤은 오타가 반복되는 직원에게 즉각적인 지적이나 질책 대신, 자신도 과거에 영어 실력이 부족했고 오랫동안 작은 사전을 들고 다녔던 경험을 먼저 나눈다. "나도 실수를 했다"는 고백이 상대의 방어기제를 해체하고, 신뢰와 공감을 형성했다. 또한 그는 단지 말로만 공감한 것이 아니라, 실제로 자신이 사용했던 작은 사전을 꺼내어 보여주었다. 이를 통해 '이건 누구나 겪을 수 있는 실수이고, 노력으로 극복할 수 있다'는 메시지를 진정성과 함께 전달할 수 있었다. 이러한 행동은 직접적인 질책 없이, 자연스럽게 기준을 제시하고 스스로 개선할 수 있는 여지를 열어준다. 그 결과, 그 직원은 수치심을 느끼지 않고 자신의 실수를 인식하게 되었고, 이후 오타가 줄어드는 변화를 보였다.

이러한 접근은 단지 말재주의 문제가 아니다. 특히 직장에서 상사와 부하의 관계처럼 위계가 존재하는 상황에서는, 내가 먼저 실수를 인정하는 행동은 매우 역설적인 힘을 발휘한다. 상사가 자신의 부족했던 과거를 솔직하게 고백하면, 부하는 자신이 평가당하는 존재가 아니라 이해받는 존재라는 신호를 받는다. 그 순간

두꺼운 방어기제가 자리 잡은 자리에 틈이 생기고, 그 사이로 신뢰가 싹틀 수 있는 공간이 마련된다. 스탠퍼드대학의 조직 심리학자 에이미 에드먼드슨Amy Edmondson은 저서 《두려움 없는 조직》을 통해 "심리적 안정감이 있는 조직일수록 실수가 더 많이 보고될 수 있지만, 결국 더 빠르게 학습하고 성장한다"라고 말한다. 이는 구성원이 실수를 숨기지 않고 드러낼 수 있을 때, 비로소 조직 전체가 진짜 변화를 경험할 수 있음을 뜻한다. 그런 문화를 만드는 리더는 먼저 자신의 실수부터 말하는 사람이다. "나도 그랬어"라는 고백은 단순한 겸손의 표현이 아니라 리더십의 시작이다.

'상대방을 비평하기 전에 자신의 잘못을 먼저 인정하라' 원칙의 실천 팁

이 원칙을 적용하기 위해 할 수 있는 말은 그리 어렵지 않다.

"나도 그랬어. 실은 나도 저때 그런 실수를 반복했었어."

"나는 이런 방식으로 고쳤는데, 네가 해보면 더 빨리 익힐 수 있을 거야."

"이건 누구나 헷갈릴 수 있는 부분이야. 중요한 건 그다음이지."

이와 같은 말들로 시작하면 우선 상대와 내가 같은 편이라는 인식을 공유하게 된다. 나는 맞고 너는 틀렸다는 식의 태도를 좋아할 사람은 없다. 이런 태도는 나와 상대를 즉시 대립하는 위치에 세운다. 그 결과 상대는 자신이 틀렸다는 것을 알면서도 본능적으로 그 입장을 끝까지 고수하려 한다.

나의 과거 실수를 이야기하는 또 다른 이유는, 상대의 현재를 변명해주기 위해서가 아니라 잘못을 고칠 수 있다는 가능성을 보여주기 위함이다. 이때 자신을 과시하는 식의 이야기는 피해야 한다. "나도 그런 적 있는데 금세 고쳤지" 같은 의미로 전달되면 오히려 상대에게 부담을 줄 수 있다. 다만, 나 역시 그런 잘못이나 실수를 경험했기 때문에 상대가 겪는 어려움에 공감할 수 있다는 점과, 나 또한 그런 일을 겪었기에 상대 역시 이를 이겨내고 성장할 수 있다는 메시지, 즉 "나는 너를 믿는다"라는 의도를 전달하는 것이 매우 중요하다. 실수나 실책이 있다고 상대를 죄인 취급할 필요는 없다. 대신 이해하고 있다는 신호를 먼저 보내보라. "나도 그랬다"는 고백은 "너도 할 수 있다"는 희망의 메시지다.

조직도, 팀도, 관계도 결국 사람과 사람 사이에서 만들어진다. 완벽한 사람은 없다. 다만 성장하는 사람은 있다. 비판하기 전에 한발 먼저 내려놓고 나도 한때 실수했던 사람임을 인정해보라. 그 순간, 상대는 당신의 말에 한층 더 귀 기울일 준비가 되어 있을 것이다.

알랭 드 보통의 책 《사랑의 기초 한 남자》 결말 부분에 다음과 같은 구절이 나온다. 개인적으로 참 좋아하는 문장이다.

한때 그는 용기를 다르게 상상했다. 어렸을 적 그는 용을 잡고 사막을 가로지르는 행군을 그렸었다. 지금 그는 새로운 그림을 가졌다. 진정한 용기는 불안에 시달린다고 쉽사리 파괴되지 않는 것이다. 상대의 약한 모습에 좌절하여 상처 주지 않는 것이다. 주변 사람들을 자신과 똑같이 상처받은 사람들로 보는 것이다. 자신과 같은 죄에 오염되었다고 아이를 비난하지 않는 것이다. 미치거나 자살하지 않는 것이다.

진정한 용기란 공감하는 것이다. 왜냐하면 공감은 자신의 취약함을 직시할 때 가능하고, 이를 위해서는 큰 용기가 필요하기 때문이다. 상대의 잘못에 불같이 화를 내고 비난을 퍼붓는 것은 그 실책이 나에게 피해를 줄까 봐 두렵기 때문일 때가 대부분이다. 하지만 용기와 자신감이 있는 사람은 다르다. 이런 사람에게는 상대의 잘못을 바로잡아 일이 잘되게 하는 것이 중요하다. 상처만 되갚고 상황은 나아지지 않는 실수를 범하지 않는다. 대신 실수에 공감을 표하면서 잘못을 바로잡게 만든다. 리더는 그런 사람이다.

다시 새겨봅시다

"내가 먼저 실수를 인정하는 행동은 매우 역설적인 힘을 발휘한다. 상사가 자신의 부족했던 과거를 솔직하게 고백하면, 부하는 자신이 평가당하는 존재가 아니라 이해받는 존재라는 신호를 받는다. 그 순간 두꺼운 방어기제가 자리 잡은 자리에 틈이 생기고, 그 사이로 신뢰가 싹틀 수 있는 공간이 마련된다."

· 원칙 ·
25

상대방을 생각하게 하고 싶다면

직접적으로 명령하지 말고 요청하라

Ask questions instead of giving direct orders.

◆

사람의 생각은 질문으로 이루어진다. 오늘 뭐 먹지? 그 사람이 나를 좋아할까? 지금 회사를 그만두면 어떻게 될까? 이렇듯 우리의 생각은 꼬리에 꼬리를 무는 질문의 연속이라고도 말할 수 있다. 그래서 질문이 입력되면 생각이 시작된다. 그리고 그 생각의 끝에 등장하는 대답이 나의 이익에 부합할 때 사람들은 행동하게 된다. 억지가 아니라 자발적으로 말이다. 그래서 유능한 리더는 지시와 명령보다는 좋은 질문을 준비한다. 지시와 명령으로 한두 번 사람을 행동하게 할 수는 있지만 지속적인 헌신을 끌어내는 것은 어렵다. 사람은 자기중심적인 존재라 본인의 생각대로 움직이기를 원하지, 타인의 요구대로 행동하는 것을 기본적으로 싫어하기 때문이다.

'직접적으로 명령하지 말고 요청하라' 원칙의 본래 뜻

드물지만, 가끔은 스스로 알아서 하기보다 리더가 직접 명령을 내려주는 것이 더 좋다는 사람들을 만난다. 카네기 원칙에서는 명령하지 말고 요청하라고 했는데 의아할 수 있다. "왜 명령을 받는 것이 좋은가?"라는 질문에, 내가 들은 답변 대부분은 "생각하지 않아도 되니까"였다. 사실 그냥 윗사람이 시키는 대로만 하면 내가 문제 해결 방안을 깊이 고민하지 않아도 되고, 그 결과에 대한 책임도 피할 수 있다. 일이 잘못되었을 때 나는 그냥 시키는 대로 했을 뿐이라고 하면 얼마나 편리한가. 설사 일부 사람들이 단순히 명령받는 것을 좋아한다고 해도, 과연 그것이 좋은 방법인지 생각해볼 필요가 있다. 카네기의 책에 나온 사례를 살펴보자.

남아프리카 요하네스버그의 이안 맥도널드는 정밀기기 부품을 주로 생산하는 작은 공장의 공장장이었다. 한번은 평소 생산량을 훨씬 능가하는 규모의 주문을 받게 되었다. 그는 아무리 생각해봐도 납품 기한을 맞출 수 없을 것 같았다. 공장의 작업 일정과 납품일까지의 짧은 기간을 고려할 때, 주문을 받는 것 자체가 잘못된 일처럼 생각되었다. 그는 직원들을 독려해서 주문량을 빨리 생산하게 할 수도 있었다. 하지만 그는 작업자들을 모두 모이게 하고 그들에게 상황을 설명하기로 했다. 마감일 전에 주문량을 생산할 수만 있다면 회사와 직원들에게 얼마나 이익이 되는지 구체적으로 말해주었다. 그 후에 다음과 같이 질문을 시작했다.

"어떻게 하면 우리가 이 주문량을 처리할 수 있을까요?"

"이 주문을 받을 수 있도록 할 다른 생산 방식에 대한 아이디어가 있는 분 계신가요?"

"작업 시간이나 개별 업무를 조정할 방법은 없을까요?"

작업자들은 여러 아이디어를 내면서 그 주문을 받아들이자고 했다. 직원들은 '할 수 있다'는 태도로 그 문제에 임했다. 그리고 주문량을 제 기한에 맞춰 납품할 수 있었다.

이 사례는 요즘 기업의 창의적 문제 해결 회의를 연상시킨다. 리더가 문제와 안건을 공유하고 질문을 준비한다. 직원들은 모두 참여하여 허심탄회하게 아이디어를 낸다. 섣불리 대안을 평가하기보다는 일단 모두가 의견을 내고 그중에서 가장 효율적인 안을 함께 선택한다. 그리고 실행한다. 단순하지만 강력한 이 회의 과정은 리더의 태도와 기술에 따라서 제대로 작동하기만 한다면 강력한 해결책을 도출하고 그에 대한 참여자들의 헌신도 담보할 수 있다.

사례의 주인공 이안 맥도널드가 준비한 핵심 질문은 "어떻게 하면 우리가 이 주문량을 처리할 수 있을까요?"이다. 이것은 오늘날 데일카네기트레이닝의 리더십 훈련 세션에서 강조하는 IWWCW In What Way Can We, 어떻게 하면 우리가 이것을 해결할 수 있을까 방식으로 문제를 정의하고 해결책을 도출하는 문제 해결 기법의 원형이라 할 수 있다. IWWCW는 많은 함의를 담고 있다. 사람들은 문제가 생기면 해결책을 생각하기보다는 누구 때문에 이 문제가 생겼는지를 궁금해한다. 원인 분석이라는 핑계로 비난할 대상부터 찾는 것이다.

회의 시간에 좋은 의견이 있어도 말을 잘 하지 않는 대표적인 이유 중 하나는, 아이디어를 낸 사람이 그 일을 떠맡는 경우가 많기 때문이다. 괜히 일거리를 만들지 말자는 생각 때문에 혁신적인 아이디어가 묻히는 것은 안타까운 일이다. 그래서 '당신이' 또는 '그 사람이'가 아니라, '우리'가 어떻게 이 문제를 해결할 수 있을까를 논의하는 것은 책임을 함께 지겠다는 공동체 의식을 반영한다. 이안 맥도널드가 "어떻게 하면 작업자 여러분이 생산량을 맞출 수 있을까요?"라고 말하는 대신 "우리"라고 표현한 것은 매우 중요한 시사점을 던져준다. 좋은 질문 하나가 생각의 프레임을 바꾸고 행동과 결과의 변화까지 이끌어낸다.

질문과 요청보다는 직접적인 명령을 더 선호하는 또 다른 이유는 사안이 급박할 때다. 명령 중심으로 움직이는 대표적인 조직이 군대다. 전쟁과 같은 긴박한 상황에서는 지휘관의 명령과 일사불란한 움직임이 필요할 수 있다. 하지만 군대라고 해서 항상 그렇기만 한 것은 아니다. 쉴 틈 없이 뛰어야 하는 스포츠 경기에서도 마찬가지다. 명령이 필요할 때도 있지만 플레이어 스스로 생각하는 힘이 없는 조직은 결국 쇠퇴하게 마련이다. 잘 쓰지 않는 기능이 퇴화하는 것처럼 명령에만 의존하다 보면 생각하는 힘이 자랄 수 없다.

'직접적으로 명령하지 말고 요청하라' 원칙의 실천 팁

숙제해라, 방 청소해라, 일찍 일어나라 등등 온갖 잔소리조차 질문형으로 바꾸면 한결 듣기가 좋아진다. "물컵 좀 가져와"라고 하기보다는 "물컵 좀 가져다줄 수 있어?"가 더 부드럽고 상대의 저항을 누그러뜨린다. 무엇보다 이러한 표현은 상대를 인격적으로 대하는 태도를 바탕으로 한다.

인간관계 원칙은 끊임없이 상대방의 저항을 완화해야 한다는 점을 강조한다. 스스로 답을 찾게 하는 좋은 질문, 혹은 질문의 형식을 빌린 정중한 요청은 이를 위한 좋은 방법이다. 다시 책에 실린 사례를 살펴보자.

오웬 D. 영(미국의 사업가, 변호사이자 외교관)은 누구에게도 직접적인 명령을 한 적이 없었다고 한다. 명령 대신 제안을 했다는 것이다. 영은 "이렇게 하시오. 저렇게 하시오" 또는 "이렇게 하지 마시오. 저렇게 하지 마시오" 하는 식의 이야기는 하지 않았다고 한다. 대신 이렇게 말하곤 했다. "이렇게 생각해볼 수도 있지 않을까요?" 또는 "그렇게 하면 될까요?" 직원이 작성한 문서를 보고 나서는 "이렇게 고치면 더 좋을 것 같은데, 어때요?" 그는 언제나 사람들에게 스스로 일할 기회를 주었다. 직원들에게 업무를 지시하지 않고, 스스로 실수를 통해 배우도록 했다. 이러한 방법은 사람들이 잘못을 쉽게 바로잡을 수 있게 한다. 상대방의 자존심을 세워주고 자존감을 느끼게 하며 반감 대신 협력을 불러일으킨다. 함부로 내린 명령이 만드는 불쾌감은 굉장히 오래간다. 나쁜 상태를 바로잡기 위한 좋은 의도의 명령일지라도 말이다.

오웬 영의 지혜를 빌려보자. 일부러 말을 빙빙 돌려서 할 필요는 없다. 자신이 원하는 것을 말할 때 질문 형식을 활용하면 된다. 예를 들어, 식당에서 점원에게 "여기 물 좀 가져와요"라고 말하는 사람을 보면 나는 인상을 찌푸리게 된다. "물 좀 주시겠어요?"가 그렇게 어려운 말일까? 만약 무언가를 수정해야 한다면, "이 부분을 어떻게 바꾸면 좋을까요?"라고 질문하면 상대는 그 답을 생각하게 된다. 사람은 질문을 받으면 자연스럽게 생각하게 마련이다. 물론 지식과 경험 부족으로 적합한 답이 나오지 않을 수 있다.

그럴 때는 최소한 "이렇게 바꾸면 좋을 것 같은데 그렇게 해줄 수 있나요?"라고 요청하면 된다.

중요한 것은 상대에 대한 믿음이다. 명령이 아니라 질문과 요청을 하는 태도는 상대에 대한 믿음을 전제로 한다. 이러한 리더의 언행은 직원에 대한 믿음을 자연스럽게 전달하는 효과가 있다. 상대가 나를 믿어주는 것을 싫어할 사람은 없다. 질문이 사라진 조직에는 성장도 없다. 지시와 명령으로만 일관하면 앞으로도 더 많은 지시와 명령을 해야 할 것이다. 왜냐하면 질문이 없으면 상대방의 생각하는 능력은 점점 퇴화하고, 그 결과 더욱 명령에 의존하게 되기 때문이다.

《데일 카네기 인간관계론》은 1930년대에 쓰인 책이다. 책에 실린 데일카네기코스 참가자의 사례는 그보다 더 이전의 일일 것이다. 요즘 인공지능 시대를 맞아 질문의 중요성이 다시 화두가 되고 있지만 당시에는 이 원칙이 혁신적인 발상이었을 것이다. 그런데 안타깝게도 요즘에도 이와 같은 리더가 드물다. 좋은 질문을 던지고 함께 문제를 해결하도록 사람들을 동기부여하기보다는, 자기 생각만 앞세우는 리더가 더 흔하다. 흔한 사람이 되지 말고 귀한 사람이 되자. 귀한 질문 하나가 귀한 사람을 만든다.

다시 새겨봅시다

"좋은 질문을 던지고 함께 문제를 해결하도록 사람들을 동기부여하기보다는, 자기 생각만 앞세우는 리더가 더 흔하다. 흔한 사람이 되지 말고 귀한 사람이 되자. 귀한 질문 하나가 귀한 사람을 만든다."

· 원칙 ·
26

변화를 원한다면

상대방의 체면을 세워주어라

Let the other person save face.

◆

교전 수칙Rules of Engagement이라는 말을 들어보았는가? 전쟁 중에도 민간인이나 특정 구역을 공격하지 않는 '금지선'을 둔다는 것이다. 전쟁에서도 최소한의 규칙이 있듯, 인간관계 속 갈등에도 반드시 지켜야 할 기본 원칙이 있다.

갈등 상황에서도 상대방의 체면을 지켜주는 선을 넘지 않아야 한다. 누군가의 잘못이나 부족함을 지적해야 할 때, 그 사람의 명예를 훼손하거나 대중 앞에서 망신을 주는 일은 절대 금물이다. 체면은 단순히 허례허식의 껍질이 아니라, 그 사람의 존재를 지탱하는 심리적 기둥일 수 있다. 그래서 체면을 지켜주는 것은 나의 말이 상대에게 도달할 수 있게 이어주는 다리와 같다.

'상대방의 체면을 세워주어라'
원칙의 본래 뜻

데일 카네기는 인간관계 원칙과 관련하여 코스 내에서 참가자들 간의 토론을 자주 진행하곤 했다. 하나의 원칙에 대해 참가자들은 각자의 경험을 떠올리면서 이 원칙이 과연 어떤 가치와 효과를 지니는지 의견을 나누었는데 이 같은 코스의 진행 방식은 참가자들 스스로 인간관계 원칙의 가치와 효용을 자연스럽게 깨닫는 시간이 되었다. 체면을 세워주라는 원칙과 관련해서 당시 코스 참가자인 클라크와 마조네가 언급했던 2가지 상반된 사례가 카네기의 저서에 실려 있다.

펜실베이니아 해리스버그의 프랜드 클라크는 자신의 회사에서 일어난 일을 이렇게 이야기했다.
"회사 생산 회의에서 부사장이 생산 공정에 대해 아주 날카로운 질문을 했습니다. 그는 언성을 높이며, 담당자를 몰아붙이는 기세였습니다. 하지만 담당 매니저는 동료들 앞에서 굴욕을 당하고 싶지 않아 대충 얼버무렸습니다. 그 순간 부사장은 화를 내며 그를 거짓말쟁이로 몰았습니다. 단 몇 초 만에, 그동안 쌓아온 신뢰가 완전히 무너졌습니다. 이전까지 성실하게 일하던 매니저는 그 사건 이후 회사에서 무가치한 사람으로 취급받았고, 결국 회사를 그만두

없습니다. 몇 달 뒤, 그는 경쟁사로 이직해 지금은 그곳에서 매우 잘 지내고 있다고 들었습니다."

비슷한 상황이지만 전혀 다른 결과를 만든 사례도 있다. 식품 포장 회사의 마케팅 전문가인 안나 마조네는 신제품 실험을 맡았는데, 실험 계획 단계에서 심각한 실수를 범하게 되어, 전 과정의 업무처리를 다시 해야 했다. 보고를 앞두고 그녀는 두려움과 불안으로 가득 차 있었지만, 회의에서 솔직하게 실수를 인정하고 다음 회의까지 철저히 재검토하겠다고 말했다. 그녀는 질책을 각오했지만, 상사는 오히려 "새로운 프로젝트에서는 누구나 실수할 수 있다"며 감사의 말을 전했다. 그리고 동료들 앞에서 그녀를 신뢰한다고 공개적으로 말해주었다. 상사의 이 한마디는 마조네의 자신감을 되살렸고, 그녀는 그 신뢰를 절대 저버리지 않겠다고 다짐했다.

상대방의 잘못에 대해 피드백할 때 가장 큰 차이를 만드는 요소는 존재Being와 행위Doing 중 어느 차원을 논하는가에 있다. Being은 그 사람의 존재, 인격, 가치관 등 본질적인 정체성을 의미한다. 반면 Doing은 행동, 수행 방식, 업무 과정처럼 변화와 개선이 가능한 영역이다. 피드백이 Being을 공격하는 순간, 이는 단순한 지적이 아니라 '나라는 존재 자체'에 대한 부정으로 받아들여진다. 이때 체면이 산산조각 나면서, 둘 사이의 신뢰는 급격히 무너진다. 프래드 클라크 사례에서 부사장은 매니저의 행동이 아닌 사람됨을 거짓말쟁이로 규정했다. 그 한마디는 그의 존재에 낙인을 찍었고, 결국 관계와 조직 모두에게 회복 불가능한 손실을 남겼다.

반대로, Doing 차원에서 피드백을 하면 상황은 완전히 달라진다. 안나 마조네의 상사는 그녀의 실수를 '능력 부족'이라는 존재의 문제로 보지 않고, '경험 부족'이라는 행동과 과정의 영역으로 보았다. 그 결과, 그녀의 체면과 정체성은 안전하게 보호되었고, 개선을 위한 동기와 자신감은 오히려 강화되었다. 데일 카네기의 원칙은 바로 여기에 있다. 사람의 Being은 지켜주고, Doing에서만 구체적인 개선점을 제시하라. 존재를 존중받는 사람은 변화 요구를 낙인의 위기가 아니라 성장의 기회로 받아들일 수 있다. 그 과정을 거치면서 인간관계도 한층 단단해진다.

'상대방의 체면을 세워주어라' 원칙의 실천 팁

Being과 Doing 관점에서 이 원칙을 적용할 수 있는 구체적인 방법을 예를 들어 알아보자.

"이번 보고서 작성 과정에서 데이터 검증이 조금 부족했던 것 같습니다"라는 말은 Doing에 대한 언급이다. "당신은 원래 꼼꼼

하지 않아요"라는 말은 Being을 훼손하는 것이다. 인격이나 가치관, 성실성 등 본질적인 정체성에 해당하는 부분을 훼손해서는 안 된다. "그동안 당신이 보여준 책임감은 잘 알고 있습니다"라는 말은 Being에 대한 칭찬이다. 반면 "당신은 신뢰할 수 없는 사람이에요"는 Being을 비난하는 것이다. 여기서 알 수 있는 사실이 있다. 칭찬은 Being에 가까울수록 효과적이고, 비판은 Being에 가까워질수록 치명적이다.

피드백을 제공할 때는 구체적인 행동(Doing 중심)으로 언급해야 한다. "발표 전에 시뮬레이션을 한 번 더 하면 좋겠습니다"라는 피드백은 좋지만 여기에 "김 대리는 발표를 잘 못 하는 스타일인데…"라는 말을 덧붙이는 것은 피해야 한다. 발표라는 행위에 대해서는 언급할 수 있지만 발표를 못하는 사람이라고 단정 짓는 건 오만이다. 우리 중 누구도 타인의 행위를 관찰하고 그에 대해 언급할 수는 있지만 그 사람의 잠재력과 정체성까지 규정할 권리는 없다. 그러고 보면 우리는 이러한 피드백의 원칙을 반대로 적용할 때가 많다. 칭찬할 때는 점수가 올라서 잘했다거나, "수고했어요" 같은 결과나 행위에 대해서만 언급하고, 지적할 때는 "넌 항상 그런 식이야", "너는 끈기가 없어"처럼 존재를 부정하는 말을 쉽게 내뱉는다.

또 하나 중요한 점은, 공개적인 비난은 절대 금물이라는 것이다. 악의적으로 상대를 다른 사람 앞에서 망신을 주고자 하는 사람은 드물겠지만, 순간적인 화를 참지 못하면 돌이킬 수 없는 실수를 저지를 수 있다. 화를 내는 사람은 자신의 화가 정당하다고 생각한다. 솔직히 말하면, 우리는 화낼 수 있을 때만 화를 내는 경우가 많다. 회사에서 임원이나 윗사람에게 쉽게 화를 내는가? 아마 부하 직원에게는 더 쉽게 화를 낼 것이다. 마찬가지로, 갑자기 끼어드는 차에 창문을 내리고 욕설을 퍼붓는 사람도, 그 차에서 험악하게 생긴 무리가 내리면 더 이상 화를 내기 어렵다.

상대방의 체면을 세워주는 일은 단순히 그 사람만을 위한 배려에 그치지 않는다. 그것은 나 자신을 성찰하고 돌아보는 능력과 깊은 관련이 있다. 내가 타인의 체면을 지켜줄 수 있다는 것은, 내 말과 행동이 상대방에게 어떤 영향을 미치는지 인식하고, 필요하다면 내 감정과 자존심을 내려놓을 수 있다는 뜻이다. 결국 체면을 세워주는 태도는 타인에 대한 존중이자, 나 자신의 성숙함을 증명하는 행위다. 데일 카네기는 다음과 같이 조언한다.

사람의 체면을 세워주는 일, 이것은 정말 중요한 일이다. 그런데 과연 우리는 이 문제를 얼마나 의식하며 살고 있을까? 우리는 종종 상대의 자존심을 헤아리지 않은 채, 무심코 그 마음을 짓밟는다. 아이들이나 직원들을 다른 사람들 앞에서 꾸짖고, 비난하며, 실수를 공개적으로 드러내는 일도 서슴지 않는다.

혹자는 이렇게 생각할지도 모른다. 저 인간은 제대로 망신을 당해봐야 정신을 차릴 거라고. 물론 그럴 수도 있다. 하지만 인간은 그 정도로 강하거나 성숙하지 않다. 망신당했다고 거기서 깨달음을 얻고, 그 망신을 준 사람에게 가르침을 줘서 감사하다고 말할 정도의 깊이와 지혜가 있는 사람이라면, 애초에 미움 살 일을 하지 않는다. 상대방이 진정으로 변화하기를 바란다면 카네기의 원칙을 따라 해보라. 순간적인 화를 누그러뜨리고 한 사람의 자존심을 존중하는 순간, 스스로 성장하고 성숙해지는 기분을 느낄 것이다.

다시 새겨봅시다

"상대방의 체면을 세워주는 일은 단순히 그 사람만을 위한 배려에 그치지 않는다. 그것은 나 자신을 성찰하고 돌아보는 능력과 깊은 관련이 있다. 내가 타인의 체면을 지켜줄 수 있다는 것은, 내 말과 행동이 상대방에게 어떤 영향을 미치는지 인식하고, 필요하다면 내 감정과 자존심을 내려놓을 수 있다는 뜻이다. 결국 체면을 세워주는 태도는 타인에 대한 존중이자, 나 자신의 성숙함을 증명하는 행위다."

· 원칙 ·
27

성공으로 이끌고 싶다면

아주 작은 진전에도 칭찬을 아끼지 말고 진전이 있을 때마다 칭찬을 해주어라. 동의는 진심으로, 칭찬은 아낌없이 하라

Praise the slightest improvement and praise every improvement.
Be hearty in your approbation and lavish in your praise.

◆

나폴리의 한 공장에서 열 살 소년이 일하고 있었다. 그의 꿈은 가수가 되는 것이었지만, 첫 번째 선생님은 그 꿈을 무참히 꺾어버렸다.
"넌 노래를 할 수 없어. 가창력이 전혀 없구나. 네 목소리는 마치 문틈으로 새어 나오는 바람 소리 같아."
하지만 소년의 어머니는 달랐다. 가난한 농촌 여인이었지만, 아들의 어깨를 감싸며 따뜻하게 말해주었다.
"넌 정말 노래를 잘해. 점점 더 좋아지고 있구나."
어머니는 아들을 위해 하루하루 열심히 일하며 음악 수업을 받을 수 있도록 돈을 모았다. 그녀의 칭찬과 격려는 소년의 인생을 완전히 바꾸어놓았다. 그 소년의 이름은 엔리코 카루소였고, 훗날 그는 시대를 대표하는 위대한 성악가가 되었다.

우리가 누군가를 대할 때, 그 사람의 잘못보다 가능성을 먼저 바라보는 태도가 필요하다. 그것이야말로 인간관계를 풍요롭게 하고, 서로의 성장을 돕는 가장 확실한 길이다.

'아주 작은 진전에도 칭찬을 아끼지 마라'
원칙의 본래 뜻

《데일 카네기 인간관계론》의 30가지 원칙 중에서 칭찬과 관련된 원칙은 세 번 등장한다. 세 번의 칭찬 모두 상대방의 긍정적인 면을 진심 어린 마음으로 언급한다는 점에서는 같지만, 세부적으로는 약간의 의미 차이가 있다. 이 차이를 이해하면 관계를 더욱 깊게 하고, 영향력을 발휘하는 데 유용한 지침이 될 수 있다.

첫 번째는 원칙 2번 '솔직하고 진지하게 칭찬과 감사를 하라'에서 칭찬이다. 원문에는 'Honest & sincere appreciation'이라고 표기되어 있다. 이는 말 그대로 특정한 목표나 의도 없이 순수하게, 진지한 칭찬과 감사를 표현하는 사람이 되라는 의미다. 그것이 우호적인 사람이 되는 길이며 다른 사람들이 호감을 느끼고 함께하고 싶은 사람이 되는 기본 조건이라고 강조한다.

두 번째는 원칙 22번 '칭찬과 감사의 말로 시작하라'에서 칭찬이다. 영문은 'Start with praise and honest appreciation'인데 특정 상황에서는 칭찬으로 말을 시작하라는 데 방점이 찍혀 있다. 이는 특히 실수나 실책을 언급하기 전에 칭찬부터 하라는 의미로 쓰인다. 이를테면 코칭 기법으로서의 칭찬이다. 마지막 세 번째는 본 원칙 27번 '아주 작은 진전에도 칭찬을 아끼지 마라'에서 칭찬이고, 영문은 'Praise the slightest improvement'인데

이는 상대의 태도나 행동에 변화를 주기 위해서는 사소한 개선이나 발전된 모습이 보일 때 칭찬을 놓치지 말라는 의미다. 일종의 강화 전략이다. 이것은 타인의 발전을 돕고자 한다면 긍정적인 피드백을 수시로 해줘야 한다는 의미다.

어린 시절 좋아했던 동화 속 인물들은 선악 구분이 명확한 평면적인 인물들로 묘사되어 있다. 흥부는 착하고 놀부는 나쁘다. 백설공주는 100퍼센트 선한 역이고 마녀는 100퍼센트 악역이다. 마치 세상 사람들이 흑과 백으로 나누어지는 것처럼 느껴진다. 하지만 어른이 되면서 우리는 깨닫는다. 어떠한 사람도 완전히 선하거나 유능하지 않으며, 반대로 단점만으로 가득한 사람도 존재할 수 없다. 모든 인간은 선과 악, 아름다움과 추함, 진실과 거짓이 일정 부분 섞여 있다. 우리의 삶은 그중에서 어떤 부분을 조금 더 많이 발휘하느냐에 따라 달라질 뿐이다.

단점은 쉽게 개선되기 어렵다. 장점을 강화하는 것이 훨씬 더 효과적인 전략이다. 그리고 장점이 강화될 때 그 단점조차 보완될 가능성이 생긴다. 코끼리를 생각하지 말라고 하면 자꾸 코끼리가 떠오를 수밖에 없는 것처럼 단점에 집중하면 자신감이 저하되고 그것이 더 나쁜 결과를 초래하는 원인이 되어 악순환에 빠질 수 있다.

사소한 부분이라도 칭찬할 점이 전혀 없는 사람은 없다. 그 점을 칭찬하면 그 부분에 집중하게 되고 그 결과 작은 개선이 일어난다. 그러면 그것이 다시 칭찬할 거리가 되어 강화가 이루어진다. 그 조금의 개선을 에너지 삼아서 다른 영역에서도 발전할 가능성이 있다고 언급해줄 수 있다. 개선과 성장은 그렇게 느리지만 조금씩 이루어진다. 다소 더디게 느껴질 수 있지만 비난과 질책을 받아서 한 번에 성장한 경험이 있는지 한번 돌이켜보라. 아마 거의 없을 것이다. 때로는 느려 보이는 방법이 가장 빠른 해법일 수도 있다.

카네기의 책에 나온 다음 사례도 살펴보자. 역시나 데일카네기코스 참가자의 이야기다.

캘리포니아주 우드랜드 힐스에 살던 키드 로퍼는 이 원리를 실제로 회사에서 적용했다. 어느 날 그는 자신의 인쇄소에서 품질이 유난히 뛰어난 제작물을 보았다. 그런데 그것을 만든 사람은 막 입사해서 회사 생활에 적응하지 못하고 있던 신입 인쇄공이었다. 그의 직속 상사는 이 신입의 부정적인 태도에 불만을 품고 곧 해고할 생각까지 하고 있었다.

이 사실을 알게 된 로퍼는 직접 인쇄소로 가서 그 젊은 직원과 대화를 나눴다. 그는 그 제작물을 보고 무척 기뻤다고 말하며, 최근 인쇄소에서 나온 것 중 단연 최고라고 칭찬했다. 그리고 구체적으로 어떤 점이 다른 제작물보다 우수했는지 설명해주었고, 그가 회사에 기여하는 부분이 얼마나 큰지도 강조했다.

그 결과는 어땠을까? 며칠 지나지 않아 그 신입은 완전히 달라져 있었다. 그는 몇몇 동료들에게 사장과의 대화를 자랑스럽게 이야기하며, "이 회사에는 정말 좋은 부분을 알아보고 고마워하는 사람이 있다"고 말했다. 그날 이후 그는 충성스럽고 헌신적인 직원으로 변했다. 로퍼가 한 일은 단순히 "잘했네"라고 말한 것이 아니었다. 그는 막연한 칭찬이 아니라, 실제로 뛰어난 점을 구체적으로 짚어주었기 때문에 그 말이 더 가슴 깊이 와닿은 것이다.

여기서 중요한 점은 진전에 대한 칭찬을 단지 '수고했다, 잘했다'와 같은 일반적인 말로 해서는 큰 의미가 없다는 것이다. 개선을 위한 칭찬은 보다 구체적이어야 한다. 특정 부분이 어떤 면에서 좋은지를 언급해야 그 부분에 대한 강화와 개선이 유지된다. 단순히 '잘했다, 최고다' 하는 표현은 오히려 부작용이 따를 수 있다. 많은 사람들은 부족한 사람을 칭찬하면 그가 진짜 잘난 줄 알고 자만하게 된다고 오해한다. 그러나 그것은 구체적이지 않은 칭찬에서 비롯되는 부작용일 뿐, 카네기의 이 원칙 자체가 잘못된 것은 아니다. 그리고 이 27번 원칙의 핵심은 바로 원칙에 덧붙여진 부연 설명에 담겨 있다.

'아주 작은 진전에도 칭찬을 아끼지 마라' 원칙의 실천 팁

27번 원칙의 전문은 다음과 같다. '아주 작은 진전에도 칭찬을 아끼지 마라. 또한 진전이 있을 때마다 칭찬을 해주어라. 동의는 진심으로, 칭찬은 아낌없이 하라.' 제법 긴 문장이다. 카네기는 왜 굳이 이 원칙에는 이렇게 부연 설명을 길게 했을까? 원칙을 적용하는 사람의 태도가 특히 중요하기 때문이다. 이 원칙에서는 '진심으로hearty'가 핵심이다. 앞서 언급한 것처럼 부족한 직원에게 단순히 잘했다고 말하는 것은 문제가 있을 수 있다. "역시 김 과장밖에 없어요. 정말 훌륭한 인재예요" 같은 말이 왜 효과도 없고 심지어 부작용까지 낳는 걸까?

　기본적으로 그 칭찬에는 진심이 없기 때문이다. 심하게 말하면 거짓말이다. 못마땅한데 왜 잘했다고 말하는가? 왜 함부로 최고라고 하는가? 이 원칙을 잘못 이해해 사람을 기만할 수 있다고 생각한다면 큰 오산이다. 강점을 강화하는 피드백은 단순히 듣기 좋은 말이 아니다. 진정한 피드백은 본 것을 있는 그대로 말하는 것이다. 시간을 잘 못 지키는 직원이 5분이라도 빨리 일을 끝냈다면, "이번에는 5분이 단축되었네요. 다음에도 더 단축해봅시다"라고 격려하라는 뜻이다. 핵심은 5분이 단축된 사실을 그대로 말하는 것이지, 막연히 잘했다고 기만하라는 말이 절대 아니다. 데일 카네기는 이 점을 다음과 같이 힘주어 강조한다.

> 명심하라. 우리는 모두 진심 어린 감사와 인정을 갈망한다. 그것을 얻기 위해서라면 사람들은 거의 무엇이든 할 수 있다. 그러나 누구도 형식적인 칭찬이나 입에 발린 말은 원하지 않는다. 이 책에서 전하는 원칙이 힘을 발휘하는 순간은 오직 마음 깊은 곳에서 우러나와 실천할 때뿐이다. 나는 잔꾀나 요령을 말하는 것이 아니다. 나는 새롭고 더 나은 삶의 방식에 대하여 말하고 있다. 사람은 바뀔 수 있다. 우리가 만나는 사람들로 하여금 그들 안에 숨겨진 보물을 발견하게 도울 수 있다면, 우리는 단순히 사람들을 변화시키는 것을 넘어, 그들의 삶 전체를 빛나게 할 수 있다.

데일 카네기는 그럭저럭 살아가는 사람들이 자신의 능력을 마음껏 발휘하게 하는 것을 일생의 사명으로 여겼다. 그는 코스를 통해 부정적이고 자신감 없던 수천 명의 변화를 목격한 사람이다. 요즘 인간에 대한 믿음, 진심 어린 칭찬은 점점 사라지고, 독설과 팩폭이 유행처럼 번지는 시대에 카네기가 좋아했던 행동 심리학자 윌리엄 제임스 박사의 말을 되새겨보게 된다.

> 우리의 가능성에 비하면 우리는 절반만 깨어 있는 셈이다. 육체적·정신적 능력의 극히 일부만 사용하며 살아가고 있다. 넓게 보면 인

간은 스스로 가진 잠재력의 한계에 한참 못 미치는 삶을 사는 것이다. 우리는 무한한 능력을 지니고 있지만, 습관과 안일함 때문에 그것을 제대로 사용하지 못하고 있을 뿐이다.

다시 새겨봅시다

"어떠한 사람도 완전히 선하거나 유능하지 않으며, 반대로 단점만으로 가득한 사람도 존재할 수 없다. 모든 인간은 선과 악, 아름다움과 추함, 진실과 거짓이 일정 부분 섞여 있다. 우리의 삶은 그중에서 어떤 부분을 조금 더 많이 발휘하느냐에 따라 달라질 뿐이다."

· 원칙 ·
28

기대를 현실로 만들려면

상대방에게 훌륭한 명성을 갖도록 해주어라

Give the other person a fine reputation to live up to.

◆

그리스 신화에서 유래한 피그말리온 효과는 타인의 기대나 믿음이 개인의 성과와 행동에 긍정적 영향을 미치는 심리적 현상이다. 이 개념은 1964년에야 학술적으로 입증되었다. 그런데 피그말리온 효과가 학계에서 발표되기 이전에 이를 원칙으로 정립하고 가르친 사람이 있다. 바로 데일 카네기다. 한 사람에게 어떤 기대와 명성을 부여하는지가 그 사람의 행동 변화를 결정한다는 것이 바로 '상대방에게 훌륭한 명성을 갖도록 해주어라'는 원칙이다. 카네기가 여기서 강조한 것은 '나는 어떤 사람인가'에 대한 믿음, 즉 자아 정체감이다. 자신을 성실한 사람이라 믿는 이는 성실하게 행동하고, 자신을 창의적인 사람이라 믿는 이는 아이디어를 내려고 한다. 자신이 누구인지를 정의하는 자아 정체감은 모든 생각과 행동의 시작점이라고 해도 과언이 아니다.

'상대방에게 훌륭한 명성을 갖도록 해주어라' 원칙의 본래 뜻

데일 카네기는 1955년에 사망했다. 그런데 그가 고안하고 강의한 데일카네기코스는 지금도 전 세계 85개국에서 데일 카네기가 사용하던 교본대로 강의가 진행되고 있다. 물론 시대 변화에 따라 조금씩 업데이트가 되었지만, 핵심적인 원칙과 활동, 코스의 본질은 변하지 않았다. 데일카네기코스를 강의하기 위해서는 ISO 인증을 받은 강사 과정을 통과해야 한다. 카네기의 강사 과정은 까다롭기로 유명하다. 자격 취득에 2년 이상 소요될 뿐만 아니라, 6일간의 최종 테스트 단계에서는 경력이 출중한 산업 강사들마저 탈락하는 사례가 더러 있다.

그중에서 많은 강사 후보생이 어려움을 겪는 테스트가 있다. 바로 거의 처음 만나는 사람들이 2분간 자신의 경험을 이야기하는 것을 지켜본 뒤 발표자의 정체성을 이루는 핵심 단어를 찾아내어 즉석에서 피드백하는 활동이다. 단순히 "언변이 좋다", "발표 전달력이 좋다" 같은 표면적인 사항을 언급하면 탈락이다. 책임지는 사람, 열정적인 사람, 성실한 사람, 정의로운 사람 등 그 사람이 과연 어떤 사람인지를 한마디로 정의하는 연습을 끊임없이 해야 한다. 그것도 단 2분 만에! 그리고 그 피드백을 받은 사람이 보인 반응은 강사를 평가하는 지표가 된다. 피드백을 받은 사람이 전혀 근거 없는 말이라고 느끼거나, 그저 듣기 좋은 일반적인 말에 그쳤다고 생각하면 감점 요인이 된다. 이것은 데일 카네기를 대신해서 강의하는 강사들이 카네기가 사람들의 변화를 돕기 위해 사용했던 방법을 적용하기 위해서 필수적으로 통과해야 하는 테스트다. 그래서 유능한 데일 카네기 트레이너들은 짧은 대화와 활동을 통해서도 그 사람의 긍정적인 자아 이미지를 발견하는 데 탁월함을 보인다.

데일 카네기는 왜 이러한 피드백 기법을 코스 중에 끊임없이 참가자들에게 적용했을까? 바로 건강한 자아 이미지가 긍정적인 변화를 이루는 데 가장 중요한 토대가 되기 때문이다. 카네기는 평생 사람들에게 긍정적인 자아 정체감을 심어주고자 했고, 그가 죽은 지 수십 년이 지난 지금도 전 세계의 카네기 트레이너들이 그의 사명을 같은 방식으로 이어가고자 노력하는 이유다.

'상대방에게 훌륭한 명성을 갖도록 해주어라Give the other person a fine reputation to live up to'를 직역하면 '상대방이 그에 걸맞게 행동하고 싶어질 만큼 훌륭한 평판이나 명성을 부여하라'이다. 단순한 칭찬이 아니라, 그 사람 안에 있는 긍정적인 가능성을 일깨워 스스로 더 나은 모습으로 살아가도록 하라는 의미다. "맞아, 나는 이런 사람이지!" 하는 자아 정체감에 근거한 동기를 부여하라는 말이다. 올림픽에서 국가를 대표해 금메달을 수상하면 그 순간부터 그 사람은 국가대표 금메달리스트로 불린다. 그리고 그에 따른

무게감이나 책임도 함께 지게 된다. 때로는 부담이 되기도 하지만, 단언컨대 그러한 명성은 그에게 더 나은 과정과 결과를 향한 동기를 부여한다.

사람은 이름과 명성에 어울리는 삶을 살고자 한다. 검증된 전문가, 해당 분야의 석학, 용기 있는 사람, 남다르게 생각하는 리더 등 좋은 이름표를 붙이면 그렇게 되고자 하는 마음도 덩달아 생긴다. 반면 "너는 누굴 닮아서 이렇게 소심해?"라는 말을 듣는 순간 "그래, 나는 소심한 사람이야. 그래서 뭐 어쩌라고?" 라는 반발심이 먼저 생기기 마련이다. 대신 이렇게 말해줄 수는 없을까? "사람들은 네가 소심하다고 할지 몰라도 내가 보기에 너는 신중한 사람이야. 그래서 여러 상황과 다른 사람 입장까지 생각하면서 더 나은 결정을 할 수 있지. 이제 너의 판단을 믿고 행동으로 옮겨도 좋을 것 같아."

데일 카네기는 셰익스피어의 말을 인용하면서 이 원칙의 효과를 설명한다.

> 셰익스피어는 이렇게 말했다. "당신에게 장점이 없다고 해도, 장점이 있는 사람처럼 생각하고 행동하라." 상대에게서 발견하고 싶은 장점을 먼저 인정하고 자주 말해주어라. 그러면 그들은 자신에게 기대된 좋은 평판을 저버리지 않기 위해, 오히려 그 기대를 현실로 만들고자 노력하게 될 것이다.

'상대방에게 훌륭한 명성을 갖도록 해주어라' 원칙의 실천 팁

인디애나주 로웰의 대형 트럭 대리점에서 고객 서비스 부장을 맡고 있던 헨리 헨키는 어느 날 부하 기술자의 작업 결과가 마음에 들지 않았다. 그러나 그는 고함을 치거나 윽박지르지 않고, 조용히 사무실로 불러 진지하게 대화를 나누었다.
"빌, 자네는 훌륭한 기술자야. 오랫동안 수많은 차량을 수리하며 고객들을 만족시켜왔지. 고객들이 자네 실력을 얼마나 칭찬했는지 자네도 알 거야. 그런데 요즘은 예전만큼 속도도, 완성도도 나오지 않는 것 같네. 예전에 그렇게 뛰어났던 자네이기에 지금의 상태는 아쉽네. 함께 힘을 합쳐 이 문제를 풀어보자고."

빌은 자신이 그렇게까지 뒤처지고 있다는 사실을 몰랐다며 당황해했고, 이 일이 자신의 전문 분야이니 앞으로 더 잘하겠다고 약속했다. 그 후 그는 다시 예전처럼 빠르고 뛰어난 기술자로 돌아왔다. 헨키가 효과를 볼 수 있었던 이유는 단순한 질책 대신, 빌의 직업적 명성과 자존심을 자극하며 함께 해결하자고 이끌었기 때문이다.

헨리 헨키가 빌에게 준 피드백의 핵심은, "빌, 자네는 훌륭한 기술자야"라는 단순하지만 강력한 한마디였다. 나는 누구인가라는 주제는 철학사를 관통하는 오래된 질문이다. 누구나 관심 있는 주제다. 드라마 〈이상한 변호사 우영우〉에서 주인공 우영우 변호사가 친구에게 "너는 봄날의 햇살 최수연이야"라고 말하는 장면이 한때 화제가 된 적이 있다. 그 대사는 어째서 사람들의 마음을 움직였을까? 우리는 누구나 '나는 어떤 사람인가'라는 정체성을 궁금해한다. 그것이 꼭 논리적·철학적·과학적인 정답일 필요는 없다. "너는 봄날의 햇살이야"라는 말만으로도 마음이 움직이고, 우리가 어떻게 살아가야 하는지에 대한 소중한 실마리를 얻을 수 있기 때문이다.

앞서 데일카네기코스의 강사들은 2분 안에 그 사람의 자아 정체감을 이루는 말을 찾는 연습을 한다고 했다. 2분이면 그 사람을 다 알 수 있다는 말이 아니다. 단 2분이라도 진심으로 관심을 기울이면, 그 사람의 정체성과 관련한 장점의 언어를 찾아낼 수 있다는 의미다. 우리는 주변의 동료, 가족, 소중한 사람들을 단 2분만 지켜보지는 않았을 것이다. 당신이 생각하는 부모님, 자녀, 동료는 어떤 사람인가? 데일 카네기는 이 장에서 "개에게도 좋은 이름을 지어주라"라는 다소 과격한 농담을 한다. 하물며 소중한 사람들에게 우리는 어떤 이름표를 붙여주고 있는가?

다시 새겨봅시다

"너는 누굴 닮아서 이렇게 소심해?'라는 말을 듣는 순간, '그래, 나는 소심한 사람이야. 그래서 뭐 어쩌라고?'라는 반발심이 먼저 생기기 마련이다. 대신 이렇게 말해줄 수는 없을까? '사람들은 네가 소심하다고 할지 몰라도 내가 보기에 너는 신중한 사람이야. 그래서 여러 상황과 다른 사람 입장까지 생각하면서 더 나은 결정을 할 수 있지. 이제 너의 판단을 믿고 행동으로 옮겨도 좋을 것 같아.'"

원칙

29

작은 변화부터 끌어내려면

격려해주어라. 잘못은 쉽게 고칠 수 있다고 느끼게 하라

Use encouragement. Make the fault seem easy to correct.

◆

사람들은 흔히 자신이 옳은 선택과 틀린 선택 사이에서 갈등한다고 생각한다. 그러나 실제로 우리의 고민 대부분은 그 지점에서 생기지 않는다. 진짜 갈등은 '옳은 길'과 '쉬운 길' 사이에서 일어난다. 예를 들어 다이어트를 결심했지만 야근 후 눈앞에 보이는 치킨을 외면하기란 쉽지 않다. 중요한 보고서를 검토해야 하지만 머리를 식힌다는 핑계로 스마트폰을 먼저 들여다보는 것도 마찬가지다. 우리는 옳다는 것을 알고 있음에도 훨씬 덜 힘들고 익숙한 선택을 하게 된다. 행동경제학에서는 이를 '인지적 용이성cognitive ease'이라고 부른다.

인간은 복잡하고 에너지가 많이 드는 사고 과정보다는 단순하고 익숙하며 덜 피곤한 길을 본능적으로 선호한다. 옳은 선택은 종종 시간과 노력, 불편한 감정을 요구한다. 반대로 쉬운 선택은 즉각적인 안도감과 낮은 비용이 든다. 결국 사람들은 장기적 이익보다 단기적 편안함에 더 큰 가치를 두는 경향이 있다.

'격려해주어라.
잘못은 쉽게 고칠 수 있다고 느끼게 하라'
원칙의 본래 뜻

어떤 사람들은 《데일 카네기 인간관계론》이 너무 이상적이라고 말한다. "이 원칙들을 다 지키는 사람이 어디 있냐?", "남들에게 잘해주기만 하면 호구되기 십상이다", "급하고 바쁜데 언제 칭찬하고 언제 질문하고 언제 경청하냐?"라는 반응을 보이며 현실적이지 않다고 여긴다. 그런 볼멘소리가 이해도 되고 안타깝기도 하지만 나는 그 사람들이 카네기 인간관계 원칙을 제대로 이해하지 못했다고 생각한다. 카네기의 원칙은 어떤 면에서는 지극히 차갑고 현실적이다. 인간이 얼마나 얄팍하고, 이기적이며, 유리구슬처럼 깨지기 쉬운 멘탈을 지녔는지, 그리고 얼마나 자기중심적이며 변명에만 급급한지를 적나라하게 들여다보게 한다. 사람들은 옳고 그름에 의해 좌우되지 않는다. 자신에게 이익이 되는 것, 더 쉽고 편한 것을 선호한다. 이성과 가치를 앞세우는 것처럼 보여도 감정적으로 반응한 후에 이성으로 그것을 합리화하는 경우가 훨씬 많다. 데일 카네기는 다음과 같이 말한다.

자녀나 배우자 혹은 직원에게 "당신은 능력이 없어", "재능이 부족해", "하는 일이 전부 잘못됐어"라고 말해보라. 그 순간, 그 사람 안에 있던 '잘해보려는 마음'은 뿌리째 꺾여버린다. 그러나 반대로 한번 해보라. 작은 성과도 인정하고, 충분히 해낼 수 있다고 믿음을 보여주는 것이다. 아직 드러나지 않은 잠재력이 있다고 말해주라. 그러면 그 사람은 자신이 가진 가능성을 증명하고 싶어지고, 끝까지 도전하면서 결국에는 성공을 만들어낸다.

데일 카네기는 '격려해주어라. 잘못은 쉽게 고칠 수 있다고 느끼게 하라'는 원칙을 강조했다. 이 원칙은 바로 '쉬운 것'을 선호하는 심리를 이용한다. 누군가에게 "당신의 선택이 완전히 틀렸다"라고 말하는 순간, 그 사람은 자신의 실수를 바로잡기에 너무 늦었다고 느끼고, 그것을 바로잡는 옳은 선택을 하는 대신 스스로를 방어하는 더 쉬운 길로 빠지기 쉽다. 하지만 이 부분을 조금만 바꿔 "훨씬 나아질 수 있다"라고 말하면, 상대는 저항보다 수용을 선택한다.

인간관계에서도 상대방이 옳은 길을 가도록 이끌려면 그것을 '쉬운 길'로 만들어주어야 한다. 작은 수정, 간단한 개선, 부담 없는 시도를 제시하면 상대는 자신도 모르게 옳은 선택으로 이동한다. 리더십의 본질이 바로 여기에 있다. 옳은 길을 단순하고 다가가기 쉽게 만들어주는 것. 그렇게 할 때 사람들은 방어보다 성장, 변명보다 개선을 선택한다.

이 관점에서 다음 사례를 살펴보자.

인간관계에 탁월한 재능을 지녔던 로웰 토머스는 늘 상대에게 자신감을 불어넣고 용기와 신념을 갖도록 격려하곤 했다. 한번은 토머스 부부와 함께 주말을 보낸 적이 있었다. 토요일 저녁, 벽난로 앞에서 브리지 게임을 하자는 제안을 받았다. 하지만 나는 단번에 거절했다.

"브리지 게임? 절대 안 되지! 그건 나에게 영원히 풀 수 없는 수수께끼 같은 거야."

그러자 토머스가 웃으며 말했다.

"데일, 브리지는 정말 쉬워. 특별한 기술도 필요 없어. 기억력과 판단력만 있으면 돼. 자네는 기억력에 대해서 글도 많이 썼잖아. 자네한테 딱 맞는 게임이지."

그 말을 듣고 나는 거의 생각할 틈도 없이 생전 처음으로 브리지를 해보게 되었다. 신기하게도 전혀 어렵지 않았다. '나와 잘 어울리는 게임'이라는 그의 말이 나의 마음을 움직였고, 그 덕분에 게임이 훨씬 쉽게 느껴졌기 때문이다.

유능한 리더는 상대의 부족함을 지적하기보다, 가능성을 발견하게 만든다. '당신에게 딱 맞는 일'이라는 말 한마디가 상대의 마음을 열고, 도전하기 두렵던 일을 자연스럽게 해내게 만든다. 논리는 납득을 시키지만, 격려는 행동하게 만든다. 사람을 움직이는 힘은 결국 믿음과 격려다.

'격려해주어라.
잘못은 쉽게 고칠 수 있다고 느끼게 하라'
원칙의 실천 팁

이 원칙을 어떻게 적용하고 실천했는지, 당시 오하이오주에서 데일카네기코스를 강의했던 카네기 강사 클레런스 존스의 이야기도 살펴보자. 책에 실린 내용을 요약하면 이렇다.

> 1970년, 제 아들 데이비드가 열다섯 살 되던 해에 저와 함께 살기 위해 신시내티로 오게 되었습니다. 어린 나이에 참 많은 어려움이 있었습니다. 여덟 살 때 아이는 교통사고로 머리를 크게 다쳐 수술을 받았고, 학교에서는 정상적인 학습이 어렵다고 판단했습니다. 그래서 또래보다 두 학년이나 뒤처져서 특수 학급에 다녔습니다. 열다섯이 되었을 때도 겨우 7학년이었고, 곱셈도 하지 못해 손가락으로 덧셈을 해야 했습니다.
> 하지만 한 가지 좋아하는 것이 있었습니다. 바로 라디오와 텔레비전이었습니다. 아이는 기술자가 되고 싶어 했고, 저는 "기술자가 되려면 수학을 해야 한다"라고 격려하며 함께 연습을 시작했습니다. 매일 저녁 곱셈, 나눗셈 카드로 문제를 풀었는데, 틀리면 다시 반복하고, 맞힐 때마다 크게 칭찬했습니다. 처음에는 한 시간 넘게 걸렸지만, 시간이 줄 때마다 아내와 함께 기뻐하며 축하해주었

습니다. 결국 한 달 뒤, 데이비드는 8분 만에 모든 문제를 풀어내는 기적 같은 변화를 보여주었습니다.

그때부터 아이는 자신도 할 수 있다는 확신을 가지게 되었습니다. 수학 성적이 오르고, 독서와 그림 실력도 빠르게 좋아졌습니다. 과학 전시회에서는 직접 만든 장치로 학교에서 1등을 하고, 시 전체 대회에서도 상을 받았습니다. '프랑켄슈타인'이라 놀림 받던 아이가 이제는 우등생 반열에 오르게 된 것입니다.

저는 이 과정을 지켜보며 깨달았습니다. "이것은 너에게 어려운 일이 아니야"라는 작은 격려와 "너는 충분히 해낼 수 있어"라는 믿음이 아이의 가능성을 열어주고, 결국 인생을 바꾸는 힘이 된다는 사실을 말입니다.

이 사례에서 강조하고 싶은 점이 있다. 바로 이 원칙의 실천 사례가 부모가 아이에게 적용한 이야기라는 것이다. 어려움에 처한 자녀를 돕기 위한 부모의 진심과 헌신적인 노력을, 당신은 헤아릴 수 있는가?

이 원칙은 결코 상대를 속이는 기만의 기술이 아니다. 실제로는 어렵고 위험한 일을 '아무것도 아니다'라며 가볍게 치부하는 것도 아니다. 상대가 그 일을 감당할 수 있도록 난이도를 조정해주고, 작은 성공을 거듭 쌓아가며 마침내 큰 성취에 이르게 하는 과정으로 만들어주는 것이 핵심이다. 그렇기에 '쉽다'라는 말은 상대를 기만하는 언어가 아니라, 한 걸음 더 나아갈 수 있도록 힘과 용기를 건네는 응원이다.

　상대를 변화시키고 싶은가? 그렇다면 변화할 수 있는 것만 요구하라. 그 작은 변화들이 모이고 모여야, 비로소 당신이 원하는 모습이 될 것이다.

다시 새겨봅시다

"자녀나 배우자 혹은 직원에게 '당신은 능력이 없어', '재능이 부족해', '하는 일이 전부 잘못됐어'라고 말해보라. 그 순간, 그 사람 안에 있던 '잘해보려는 마음'은 뿌리째 꺾여버린다."

원칙 30

리더가 되고자 한다면

당신이 제안하는 것을 상대방이 기꺼이 하도록 만들어라

Make the other person happy about doing the thing you suggest.

◆

사람들은 진정성을 굉장히 중시한다. 진정성이 느껴지지 않는다는 말로 상대의 호의를 거절하기도 한다. 과연 진정성이란 무엇일까? 진정성은 100퍼센트 순전한 마음일까? 나는 그렇게 생각하지 않는다. 인간은 100퍼센트 순전한 마음을 가질 수가 없다. 사랑하는 자녀도 미울 때가 있고, 공동체를 위해서 하는 일에도 자신의 욕구가 투사되기 마련이다. 인간의 마음은 복잡다단하다.

여러 감정과 욕구가 뒤엉켜 있지만 묵묵히 그 일을 하는 사람에게 오히려 진정성이 있다고 할 수 있다. 지지고 볶고 싸우면서도 평생을 함께하는 노부부에게서, 불평과 회의가 있어도 평생을 직장에서 헌신하며 은퇴하는 사람에게서 진정성을 느낄 수 있다. 진정성은 마음의 상태라기보다는 꾸준한 반복에 가깝다. 우리는 다른 사람의 마음속을 알 수 없다. 다만 어떤 일을 꾸준히 반복해서 실천한다면 그것은 진정성 있는 행동이라고 할 수 있다. 그런 의미에서 카네기 인간관계 원칙에도 진정성이 필요하다.

'당신이 제안하는 것을 상대방이 기꺼이 하도록 만들어라' 원칙의 본래 뜻

상대를 강제로 움직이게 하고 싶은 마음은 권력자가 쉽게 빠지는 유혹이다. 그러나 사람들은 강요받을 때가 아니라, 스스로 원해서 기꺼이 움직일 때 최고의 성과를 낸다. 데일 카네기가 제시하는 마지막 30번째 원칙은 지금까지 설명한 나머지 모든 원칙의 종합적인 적용이자, 신뢰 관계를 기반으로 한 리더의 영향력이 무엇인지를 이야기하는 원칙이다. 기꺼이 하게 만드는 것, 그리고 자발적인 헌신을 얻는 것이야말로 《데일 카네기 인간관계론》에 소개된 모든 방법의 종착지다.

독일에서 데일카네기코스에 참석한 군터 슈미트는 자신이 운영하는 대형 식료품점에서 일어난 사례를 발표했다. 그의 가게에서 일하던 한 직원은 진열대의 상품에 가격표를 붙이는 일을 자주 소홀히 했고, 그 때문에 손님들이 혼란을 겪으며 불만을 터뜨렸다. 슈미트는 여러 차례 직원에게 주의를 주었지만, 별다른 효과가 없었다. 결국 그는 그 직원을 사무실로 불러 이렇게 말했다.

"당신을 이제 매장의 '가격표 부착 감독 주임'으로 임명합니다. 앞으로 모든 상품이 정확히 가격표가 붙어 있는지 확인하고 책임지는 역할을 맡게 될 겁니다."

새로운 책임과 직함을 부여받자, 직원의 태도는 완전히 달라졌다. 그녀는 이후 자신의 임무를 성실히 수행했고 결과는 매우 만족스러웠다.

유치하다고 생각되는가? 그러나 나폴레옹도 비슷한 방식을 사용했다. 그는 '레종 도뇌르' 훈장을 제정해 1만 5천 명의 병사들에게 수여했고, 그들 중 18명을 '프랑스 최고 사령관'으로 임명하며 자신의 군대를 '최고의 군대'라 불렀다. 사람들은 그가 '장난감'으로 병사들을 현혹했다고 비난했지만, 나폴레옹은 담담하게 이렇게 말했다.

"남자들은 장난감에 의해 움직인다."

나폴레옹과 군터 슈미트 씨는 과연 허울뿐인 타이틀로 사람들을 기만한 것일까? 단편적으로 보면 그렇게 느낄 수도 있다. 그러나 군터 스미스는 그 직원을 해고할 수도, 공개적으로 질타를 할 수도 있었다. 전쟁 중인 나폴레옹은 출전 명령만 내리면 되는 절대 권력자였다. 군사들에게 굳이 훈장이나 상을 주지 않아도 그들은 여전히 나폴레옹의 병사들이다. 중요한 것은 둘 다 다음 질문에 대한 답을 찾고자 했다는 점이다.

"어떻게 하면 상대가 기꺼이 이 일을 하고자 하는 마음이 생기게 할 수 있을까?"

좋은 리더들은 이 질문이 늘 가슴속에 있다. 사람들을 헌신하게 하는 힘은 무엇인가? 어떤 것을 제시해야 사람들이 억지가 아니라 기꺼이 이 일을 할까? 그 질문과 대답을 반복적으로 해나가는 리더는 지속적인 성과를 낼 것이다. 화가 나도 참고, 스트레스를 조절하며, 효과가 없으면 보상을 수정해가면서 이 질문을 계속해서 던지는 리더는 동기부여에 진심이다. 진정성이 있는 리더란 바로 이런 사람이다.

'당신이 제안하는 것을 상대방이 기꺼이 하도록 만들어라' 원칙의 실천 팁

데일 카네기는 이 원칙의 실천에 도움이 되는 6가지 팁을 제시한다. 이는 단순한 기술이 아니라, 상대의 입장에서 생각하고 진정한 이익을 공유할 때만 가능하다.

1. 진정성을 가져라. 할 수 없는 약속은 절대 하지 말고, 말과 행동에서 신뢰를 보여라. 나의 이익은 잠시 잊고 상대방의 이익에 집중하라.
2. 상대방이 진심으로 원하는 것이 무엇인지 그 욕구를 분명히 파악하라.
3. 공감하라. 스스로에게 '저 사람이 정말 바라는 게 무엇일까?'라고 끊임없이

질문하라.

4. 내가 제안하는 일을 통해서 상대방이 얻게 될 이익이 무엇인지를 생각하라.

5. 그 이익을 상대방의 소망과 연결하라.

6. 나의 제안이 상대에게도 이익이 된다는 점을 여러 가지 방법으로 제시하라.

이 지침을 어떻게 적용하면 좋은지 데일 카네기의 설명을 보면 쉽게 알 수 있다.

우리는 종종 이렇게 무뚝뚝하게 말하곤 한다.
"존, 내일 손님이 오니까 창고 청소 좀 해. 물건도 정리해두고, 계산기도 깨끗이 치워둬."
하지만 같은 부탁이라도 조금만 다르게 말하면 훨씬 좋은 반응을 얻을 수 있다.
"존, 지금 정리할 일이 하나 있어. 미리 해두면 나중에 수고를 덜 수 있을 거야. 내일 우리 가게에 손님들이 많이 오는데 창고도 보여드릴 계획이야. 그런데 지금은 좀 지저분하네. 네가 청소도 하고 물건을 정리해준다면 손님들에게 좋은 인상을 줄 수 있을 거야. 그건 가게의 이미지뿐만 아니라 네가 맡은 일에 대한 신뢰도 함께 높여줄 거야."
당신의 제안에 존이 신이 나서 따르게 될까? 아마 크게 기뻐하지 않을지도 모른다. 하지만 존의 입장에서 이익을 제시하지 않는 첫 번째 지시보다는 훨씬 일할 의욕이 생길 것이다. 존 역시 창고가 잘 관리되는 것에 보람을 느끼고, 매장의 이미지 향상에 이바지하고자 하는 의지가 있다. 관리자인 당신이 이를 알아준다면, 아마 그는 좀 더 협조적일 것이다. 더불어 이왕 이 일을 해야 할 바에 지금 해두면 나중에 수고를 덜 수 있다는 점도 이야기할 수 있다.

이제 카네기의 인간관계론 해설을 마무리하려 한다. 그의 책 마지막 부분에는 내 개인적으로 인간관계론을 완성했다고 느낀 문단이 실려 있다. 30가지 원칙을 모두 설명한 뒤 마지막 장에서 쓴 글이니, 인간관계론의 가장 중요한 메시지를 담고 있다고 해도 과언이 아니다. 그의 조언을 살펴보자.

이 방법을 쓴다고 해서 언제나 모든 사람에게 긍정적인 반응을 얻을 수 있다고 믿는 것은 순진한 생각이다. 그러나 많은 사례와 경험을 살펴본 것처럼, 인간관계 원칙을 전혀 사용하지 않는 것보다 이것을 적용하는 편이 훨씬 효과적이다. 비록 10퍼센트만 성공한다 해도, 당신은 그만큼 더 나은 리더가 된다. 그리고 그만큼 더 성장을 경험할 것이다. 이것은 큰 유익이다. 사람들은 당신이 원하는 바를 기꺼이 함께할 것이다. 당신이 이 원칙들을 지킨다면 말이다.

'모든, 늘, 항상'이라는 수식어가 붙으면 대부분 그 말이 정답이 아닐 가능성이 크다. 인간관계의 세계에서는 특히 그러하다. 세상 사람 모두는 저마다의 사정이 있고 각자가 고유한 존재들인데 어떻게 모든 상황, 모든 사람에게 정답인 원칙이 있겠는가. 하지만 사람을 대할 때 더 나은 방법은 있다. 데일 카네기는 이 30가지 원칙을 새롭고 더 나은 삶의 방식으로 제시한다. 그리고 설사 이 원칙을 적용할 때 원하는 반응을 보이지 않는 사람이 있다고 할지라도, 중요한 것은 결국 내가 어떤 사람이 될 것인가 하는 질문이다. 타인을 조종하고 움직이게 하는 것보다, 결국 더 중요한 것은 더 나은 나 자신이 되는 일이다.

이 원칙을 꾸준히 실천하는 일은 더 나은 나를 위한 성장의 여정이다. 그 길을 걷다 보면 우리를 인간적으로 좋아하는 사람, 우리를 열렬히 돕고자 하는 사람, 우리를 기꺼이 따르는 사람들을 자연스럽게 만나게 된다. 사람에 대한 진정성을 가지고 있다면 말이다. 그리고 기억하라. 진정성은 순수한 마음이 아니라 꾸준한 반복임을!

다시 새겨봅시다

"어떻게 하면 상대가 기꺼이 이 일을 하고자 하는 마음이 생기게 할 수 있을까?"

· 나오며 ·

인간관계 원칙을
함께 실천해보시길

 시간이 변화를 만든다고 하지만 그 방향이 다 같지는 않다. 어떤 것은 상하고, 어떤 것은 숙성한다.

 빵은 구워진 뒤에 남은 수분과 공기 중의 세균 때문에 서서히 부패한다. 이미 완성된 형태로 세상에 노출되었기에 외부의 변화에 속수무책으로 무너진다. 반면에 치즈는 적절하게 통제된 온도와 습도 속에 두면 깊은 맛으로 숙성된다. 치즈의 표면은 안정되어 있으나 내부는 미생물의 호흡으로 천천히 변화가 일어난다. 이것은 단지 재료의 차이만은 아니다. 무방비한 노출은 부패를 만들고, 의도된 환경은 숙성을 일으킨다.

 데일 카네기의 원칙들은 100년의 세월이 지나도록 살아남은, 한마디로 잘 숙성된 훌륭한 가르침이다. 데일카네기트레이닝의 30명 남짓의 마스터들은 이 가르침이 전 세계에 표준화된 품질로 제공될 수 있도록 오늘도 각지에서 활약하고 있다. 〈스타워즈〉의 마스터 요다가 훌륭한 제다이 기사들을 육성하여 은하계의 각종 문제를 해결하듯이, 전 세계 트레이너들을 훈련하고 그들을 통해 데일 카네기의 30가지 원칙이 살아 움직이도록 만드는 카네기 마스터라는 직책은, 단순히 돈을 버는 직업 그 이상의 가치가 있다고 자부한다.

그러나 최근 이 30가지 원칙의 의미와 가치가 '숙성이 아니라 상하고 있는 건 아닐까?' 하는 위기감에 결국 이 책을 쓰게 되었다. 관리되지 않은 상태로 무분별하게 노출된 콘텐츠는 상하게 마련이다. 그러니 누군가는 이것을 관리하고, 숙성할 수 있는 환경과 기준을 바로 세워야 한다. 카네기의 인간관계 원칙이 제멋대로 해석되거나, 현재 우리나라의 상황과 맞지 않다고 오해받는 모습을 볼 때면 마음이 아프다. 어느 영화 제목처럼 '잘 알지도 못하면서'라는 갈증이 늘 마음 한구석에 있었다. 이 책을 쓰면서 다소 해소된 느낌이다. 모든 글의 첫 번째 독자는 글을 쓰는 자신이라고 하던데, 어쩌면 이 책도 우선은 나를 위한 것이었다는 생각이 든다. 아울러 이 책을 읽는 독자들이 데일 카네기 원칙에 대해 바로 알고 이를 현실에 적용하여 조금이라도 새롭고 더 나은 관계의 변화를 경험하기를 진심으로 바란다.

숙성을 위해서는 외부 조건이 중요하듯이 인간관계 원칙을 혼자서만 알기보다는 함께 실천하는 환경에 스스로를 노출하는 것이 더 도움이 된다는 말씀을 꼭 드리고 싶다. 데일 카네기는 인간관계론을 통해 자기계발 분야의 선구자가 되었다. 그는 사람이 변화하려면 일련의 시스템과 프로세스가 갖추어진 환경에서 다른 사람들의 코칭과 도움을 받는 것이 필요하다는 사실을 깨달았다. 그래서 데일카네기코스를 스스로 만들고 매주 사람들의 관계 변화 프로세스를 가동한 것이다. 이 방법론은 오늘날의 데일카네기트레이닝의 모든 교육 프로그램에 동일하게 적용되고 있다. 데일카네기코스에 참가할 수 있는 분들은 인간관계 원칙의 효과를 백배 누릴 수 있으리라. 코스에 참여하기 어려운 상황이라면, 최소한 마음이 맞는 몇 사람과 함께 독서 모임을 꾸려 이 원칙들을 실천할 것을 다짐해보길 바란다. 그러면 보다 큰 관계 변화의 기쁨을 누릴 수 있을 것이다.

세상은 빠르게 변화하고 있다. 인공지능AI이 주도할 미래 변화를 감히 가늠할 수가 없다. 그러나 기술이 발전할수록 인간다움에 대한 열망과 가치는 더욱 커질 것이다. 인간과 구분할 수 없는 존재가 등장할수록 무엇이 과연 인간다움인가에 대한 질문에 우리는 더욱 주목할 수밖에 없기 때문이다. 데일 카네기의 통찰이 인간에 대한 모든 답을 제시한다고는 할 수 없지만, 적어도 인간관계라는 영역에서는 여전히 가장 유효한 해답을 보여주고 있다. 나를 포함한 카네기 마스터들은 시대와 환경의 변화를 받아들이되, 카네기 원칙의 본질을 지키고 계승하는 일을 꾸준히 해나갈 것이다.

시간이 지나면서 어떤 것은 상하고 어떤 것은 숙성한다. 우리의 삶도 그러하다. 시간에 무심히 내맡기면 우리는 쉽게 닳고 상하지만, 일정한 질서와 온도가 갖춰진다면 그 시간이 우리를 더욱 성숙하게 만들어줄 것이다. 시간이 우리를 썩게 할지, 익게 할지는 결국 우리의 환경 관리 능력에 달려 있다. 이 책이 독자 여러분의 삶이 숙성하는 환경을 갖추는 데 조금이라도 도움이 되기를 바란다.

데일 카네기 트레이너 자격의 단계

데일카네기트레이닝은 높은 교육 성과를 위해 체계적인 강사 양성 과정을 통해 강사를 선별합니다. 데일카네기트레이닝의 강사로 입문하기 위해서는 평균 2년 이상의 엄격한 훈련을 거쳐야 하며, 강사 자격을 유지하기 위해 3년 주기로 자격을 갱신해야 합니다. 이러한 강사 양성 프로세스는 전 세계에서 유일하게 ISO 9001 인증을 받았습니다.

카네기 마스터
전 세계 강사 선발, 육성, 평가, 자격 부여, 콘텐츠 해석의 책임과 권한을 가진 데일 카네기 트레이너의 최고 등급

마스터 트레이너
국내 및 글로벌의 강사 재인증 과정 수행 및 평가 권한

시니어 트레이너
국내 자체 강사 과정 수행 가능, 글로벌 기준 강의 품질 유지 및 재평가를 통과해야 자격 유지 가능

트레이너
데일카네기코스, 리더십, 프레젠테이션, 세일즈 트레이닝, 조직 개발, 공개 과정, 온라인 강의, 기업 맞춤형 과정 등 강의 수행
(각 커리큘럼 영역별로 별도의 강사 자격 필요)

강사 후보생 & 텐덤 트레이너
데일카네기코스 수료, 보조 강사 N회, 시니어 등급 이상 트레이너 입회 하에 일부 강의 가능, 강사 과정 통과(약 2년 소요)

.MEMO.